Manfred Schmidt

Gipfelstürmer im platten Land

Ausflüge zu den Niederrheinischen Höhen

Manfred Schmidt

Gipfelstürmer im platten Land

Ausflüge zu den Niederrheinischen Höhen

Bibliografische Information der Deutschen Nationalbibliothek
Die Deutsche Nationalbibliothek verzeichnet diese Publikation
in der Deutschen Nationalbibliografie; detaillierte bibliografische
Daten sind im Internet über http://dnb.dnb.de abrufbar.

Schmidt, Manfred: Gipfelstürmer im platten Land,
Copyright © Manfred Schmidt, 2024
Herstellung und Verlag: BoD – Books on Demand,
Norderstedt
ISBN: 9783758312687

Inhalt

Einleitung oder die letzten Spuren der Eiszeit

1. **Der Niederrheinischer Höhenzug**   9
   Das kleinste Gebirge der Welt

2. **Der Hülser Berg**   13
   Riesen, Zwerge und ein Galgen

3. **Der Egelsberg**   17
   Ausgeklingt – Grenzenlose Freiheit am Himmel

4. **Der Schaephuyser Höhenzug**   21
   Erholung im Grünen mit schöner Aussicht in die Umgebung

5. **Der Oermter Berg**   24
   Der Familienberg

6. **Der Rayener Berg**   28
   Die ehemalige Bauernschaft Rayen

7. **Die Bönninghardt**   31
   Ein Räuberhauptmann und ein falscher Ortsname

8. **Die Leucht**   35
   (Er-) LEUCHT (ung)

9. **Der Xantener Stauchwallbogen**   38
   Die gebogene Gletscherzunge

10. **Die Hees mit dem Fürstenberg**   39
    Immer auf dem Weg bleiben

11. **Die Sonsberger Schweiz mit dem Dürsberg, dem Balberger**   44
    oder Labbecker Höhenrücken, mit dem Tüschenwald im
    Südwesten und dem Uedemer Hochwald

12. **Die Pfalzdorfer Höhen**   53
    Eine pfälzische Sprachinsel am Niederrhein

13. **Der Bedburg-Moyländer Höhenzug**   56
    In Kehrum nicht umkehren!

14.   **Der Kranenburger Höhenrand**   60
Über den Rand hinaus

15.   **Die Reichswaldhöhen mit dem Klever Berg**   63
Viel Geschichte in den Zweigen

16.   **Te Zeven Heuvelen (Die sieben Hügel), Niederlande**   68
Weinberge und das Ende des Niederrheinischen Höhenzugs

17.   **Die Süchtelner Höhen und die Hinsbecker Schweiz**   73
Der tektonische Horst

18.   **Die drei Höhenburgen am Niederrhein**   82
Ein Widerspruch in exponierter Lage

19.   **Der Eltenberg bei Emmerich und der Bergherbos**   95
in der Gemeinde Montferand (Niederlande)
Die grenzüberschreitende Stauchmoräne

20.   **Der Kaiserberg in Duisburg**   100
In kaiserliche Höhe

21.   **Der Aaper Wald in Düsseldorf**   104
Opferplatz oder Zufluchtsstätte?

22.   **Halden am Niederrhein**   109
Künstliche Berge mit Geschichte

23.   **Der Kapuzinerberg in Krefeld**   110
Der Acht-Kirchenblick

24.   **Der Inrather Berg in Krefeld**   112
Das Dach von Krefeld

25.   **Die Rheydter Höhe in Mönchengladbach**   114
Monte Klamotte

26.   **Der Alsumer Berg in Duisburg**   118
*Das wunderliche Gefühl, auf einem 1000 Jahre
alten Dorf zu stehen*

27.   **Die Heinrich Hildebrand Halde in Duisburg**   122
Laufen auf der Achterbahn

28.   **Die Rockelsberghalden in Rheinhausen**   124
      Zwei Berge mit Hafensicht

29.   **Die Halde Wolfsberg in Duisburg**   128
      Der *Berg mit den vielen Namen*

30.   **Die Halde Norddeutschland in Neukirchen-Vluyn**   131
      Die höchste am Niederrhein

31.   **Die Halde Pattberg in Moers**   135
      Der Berg mit drei Gipfeln

32.   **Die Halde Rheinpreußen in Moers**   138
      Rotlicht über Moers

33.   **Die Knappenhalde in Oberhausen**   142
      Oberhausens Top

34.   **Die Vollrather Höhe (Allrather Höhe) bei Grevenbroich**   146
      Das Alpe d'Huez des Niederrheins oder Bergzeitfahren
      am Allrath's Rock.

35.   **Die Millicher Halde oder die Himmelstreppen**   150
      in Hückelhoven
      Noch ein bischen Niederrhein

36.   **Motten**   **154**
      Den flügellosen Motten auf der Spur

37.   **Die Motte Aldeberg**   155
      Ein mythischer Ort mit 800-jähriger Geschichte

38.   **Die Motte Mergelp auf dem Duivelsberg (NL)**   159
      Spannende Geschichten aus dem Mittelalter

      Register   163

      Literaturverzeichnis   166

      Bildnachweis   167

Einleitung oder die letzten Spuren der Eiszeit

Knorrige Kopfweiden, schnurgerade Pappelalleen, romantische Seen und Heide-moore zeichnen das Landschaftsbild des Niederrheins. Zu Fuß, per Rad oder als Wasserwanderer – der Niederrhein lädt zu vielen sportlichen Aktivitäten ein. Nur Klettertouren gehen nicht. Bergsteigen ist wohl das Letzte, was einem einfällt, wenn man an den Niederrhein denkt. Zugspitze, Fichtelberg, Brocken? Nein – gibt es hier nicht. Auch kein Après-Ski, kein Hüttenzauber, kein Jagatee, keine Williams-Birne, kein Feigenschnaps und auch keinen Enzian. Die winterlichen Bedingungen am Niederrhein laden selten zum Skifahren ein, und ein Alpenglühen gibt es vielleicht einmal in der Gemeinde Alpen zur Zeit der Glühwürmchen.

Wem keine Berge gegeben sind ...

Ist es also paradox, über Berge eines Gebietes zu schreiben, indem es von seinem Namen her gar keine Berge gibt? Die Topografie des Niederrheins wird vielerorts mit einem Wort beschrieben: flach wie ein Spülbecken! Am Niederrhein kann man heute schon sehen, wer übermorgen zu Besuch kommt. Böse Zungen behaupten sogar, die höchsten Erhebungen am Niederrhein sind die Brücken. Auf diese Aussa-gen antwortet der Niederrheiner mit der klassischen niederrheinischen Floskel: »Dat is Ansichtssache«. Und da hat er recht. Am Niederrhein gibt es tatsächlich einige Höhenzüge und Inselberge, die dem Namen der Region widersprechen und selbst für eingefleischte Niederrhein-Kenner die eine oder andere Überraschung bereithalten. Man kann es sich natürlich einfach machen, kann es für einen Scherz halten, dass die Niederrheiner Andeutungen von Erhöhungen tatsächlich »Berge« nennen. Sicher, um zu klären, ob es sich nun bei den Erhebungen am Niederrhein um Berge handelt, könnte der Brockhaus befragt werden, der sagt: »Ein Berg ist eine über die Umgebung deutlich herausragende Geländeerhebung«.
Na also! Noch überzeugender wäre aber ein spürbarer Wadentest: Mit dem Fahr-rad strampelnd oder per Pedes über die niederrheinischen Höhen. Danach gibt es sicherlich einige Muskelverhärtungen, aber bestimmt keinen Zweifel mehr.

Also: Willkommen am Niederrhein, wo alles, was höher als drei Maulwurfshügel ist, Berg genannt wird.

Der Niederrheinische Höhenzug

Das kleinste Gebirge der Welt

Der Niederrheinische Höhenzug verläuft auf einer Länge von etwa 70 Kilometern in einem weiten Bogen durch das Niederrheinische Tiefland von Krefeld bis nach Nimwegen. Durch Flusserosionen, hauptsächlich durch den Rhein und seine Nebenflüsse bedingt, entstanden Unterbrechungen in der Kette, wodurch sie in einen größeren nordwestlichen Abschnitt und in einen kleineren südöstlichen Teil zerfällt. Die Landschaftseinheit, die auch Niederrheinische Höhen genannt wird, ist gekennzeichnet durch eine relativ steile Nord- und eine sanfter abfallende Südkante. Sie erhebt sich stellenweise 90 Meter über dem Meeresspiegel und erreicht am Klever Berg eine Höhe von 106 Meter über NN.

Im Grunde genommen sind die niederrheinischen Höhen Eisberge. Sie bestehen zwar nicht aus Eis, aber ohne Eis gäbe es sie nicht. Die Erhebungen entstanden, als vor 250 000 Jahren während der Saale-Eiszeit riesige Eismassen aus Skandinavien mit einer Dicke von etwa 50 bis 150 Metern den sandigen und kiesigen niederrheinischen Boden wie mit einer Planierraupe zusammenpressten und falteten, also aufstauchten. Darum heißen sie Stauchmoränen.

Erstmals deutlicher in Erscheinung tritt der Höhenzug nördlich von Krefeld durch den auffälligen Hülser Berg (63 Meter). Östlich davon befindet sich der nicht nur für Luftsportbegeisterte interessante Egelsberg (46 Meter). Ein nördlich gelegener Einschnitt trennt den Hülser Berg vom zweiten Hauptabschnitt, dem Schaephuyser Höhenzug. Er verläuft von Tönisberg, westlich an Schaaephuysen und Rheurdt vorbei, bis zum Oermter Berg. Die höchste Erhebung ist hier mit 80 Metern der Saelhuyser Berg. Den Abschluss der Schaephuyser Höhen bildet im Norden ein breiter Einschnitt zwischen Issum und Kamp-Lintfort, markiert durch den historischen Kanal Fossa Eugeniana. Östlich des Schaephuyser Höhenzuges liegen, bogenförmig angeordnet, mehrere Inselberge; der höchste ist der Rayener Berg mit 63 Metern. Der nächste Hauptabschnitt ist die nördlich liegende, plateauartige Bönninghardt. Hier werden am Rand der Leucht Höhen bis 54 Meter erreicht. Noch acht Meter höher und damit der höchste Punkt der Bönninghardt ist der Haagsche Berg mit 58 Metern.

Ein weiterer Einschnitt bei Sonsbeck, nördlich der Bönninghardt, trennt diese vom nächsten Hauptabschnitt, dem Xantener Stauchwallbogen. Er verläuft von Xanten aus im Uhrzeigersinn nördlich an Sonsbeck vorbei, durch Labbeck und Balbeck hindurch, bis Marienbaum. Der Bogen beginnt im Osten bei Xanten mit der Hees und dem Fürstenberg (75 Meter). Dann folgt im Süden des Bogens die Sonsberger Schweiz mit ihrer höchsten Erhebung, dem Dürsberg (87 Meter). Der westliche Teil der Sonsberger Schweiz heißt auch Balberger oder Labbecker Höhenrücken. Er besteht aus dem Tüschenwald im Südwesten und dem Uedemer Hochwald (bis 75 Meter) im Nordwesten. Der Xantener Stauchwallbogen und die nun folgenden

Pfalzdorfer Höhen werden durch den Uedemer Bruch getrennt. Die Pfalzdorfer Höhen, eine plateauartige Hochebene, befinden sich sowohl auf deutschem als auch auf niederländischem Gebiet. Der östliche deutsche Teil der Pfalzdorfer Höhen heißt Gocher Heide, der mittlere Pfalzdorfer Lössplateau. Der westliche Teil ist der Reichswald. Wie schon in der Bönninghardt liegen die markanten Erhebungen der Pfalzdorfer Höhen im Bereich ihres Randes, der östlich Höhen bis 60 Meter erreicht. Am nördlichen Rand der Pfalzdorfer Höhen, zwischen Kalkar und Bedburg-Hau, liegt eine Hügelkette, der Bedburg-Moyländer Höhenzug. Am nordwestlichen Ende der Pfalzdorfer Höhen liegt der Kranenburger Höhenrand, der sich bogenförmig von Kleve um Kranenburg herumzieht. Etwas südlich hiervon befinden sich die Reichs-waldhöhen. Hier ist der Klever Berg mit 106 Meter Höhe sowohl der höchste Punkt in diesem Teil, als auch die höchste Erhebung des gesamten Niederrheinischen Höhenzuges.

Westlich, bereits größtenteils auf niederländischem Gebiet, schließt sich ein Stauch-wall an, der bei Kranenburg beginnt und südlich um Groesbeek herum bis nach Berg en Dal und Nijmegen verläuft. Der südliche und westliche Teil wird Zeven Heuvelen (Sieben Hügel) genannt. Bei Nijmegen, wo der Rhein am Gelderse Poort (dem Tor zum Gelderland) die Stauchwallkette durchbricht und sich in Nederrijn und Waal aufteilt, endet der Niederrheinische Höhenzug. Der Süchtelner Höhenzug, auch Viersener Horst genannt, verläuft von Mönchengladbach über Viersen und Süchteln bis Grefrath. Er gehört aber nicht, obwohl in der Region Niederrhein gele-gen, zum Niederrheinischen Höhenzug. Der Grund dafür ist, dass er nicht, wie lange angenommen, als Stauchendmoräne, sondern bereits vor etwa 25 Millionen Jahren durch einen tektonischen Horst, also durch Anhebung isostatischer Kräfte entstand. Darum wird der Süchtelner Höhenzug hier getrennt vom Niederrheinischen Höhen-zug behandelt. Letzterer beginnt genau genommen schon im Neusser Bereich, wo er aber durch Erosionen des Rheines kaum noch wahrzunehmen ist.

Übrigens, dem Niederrhein fehlt die Mitte – dafür ist er oben ohne: Es gibt keinen geografischen Mittelpunkt des Niederrheins, weil es, bis auf die Grenze zu den Niederlanden, keine präzisen geografischen Begrenzungen des Niederrheins zu seinen Nachbarlandschaften gibt. Der Niederrhein ist quasi nach allen Seiten offen. Die Kreise Viersen, Heinsberg und Neuss sowie Mönchengladbach und Krefeld sind zum Mittleren Niederrhein zusammengefasst und die Kreise Wesel und Kleve werden als Unterer Niederrhein bezeichnet. Einen oberen Niederrhein gibt es nicht. Das ist aber auch nicht so wichtig, weil sich die niederrheinischen Höhe(n)punkte sowieso nicht über einen Bergkamm scheren lassen.

Bevor nun der Niederrhein den Besucher auf den Gipfel treibt, noch einige Hinweise in eigener Sache: Die hier vorgeschlagenen Wanderungen sind oftmals nicht die ein-zigen vor Ort. Sie sind unterschiedlich lang und folglich auch ihre Beschreibungen. Bitte kalkulieren Sie ein, dass an den Wegen wichtige Hinweisschilder, Wegweiser, Markierungsplaketten, Pfostenmarkierungen und Wanderinfotafeln entfernt, zer-stört oder verdreht sein können, Bäume oder Holzmasten der Stromleitungen, auf denen Markierungen zu lesen waren, gefällt oder ausgetauscht, und die Pflege der

Wege partiell oder komplett eingestellt wurden. Alle Termine, Öffnungszeiten, Telefonnummern, Web-Adressen und Namen geben den Stand vom Januar 2024 an. Bitte werfen Sie vor Ihrem Besuch einen kurzen Blick auf die lnternetseite des Museums, der Gaststätte, des Parks etc., ob sich, beispielsweise durch Corona, Schließungen, kurzfristige Änderungen oder Ergänzungen ergeben haben.

Nun aber viel Spaß beim Gipfelhopping im platten Land. Entdecken Sie das flache Land von einer neuen Seite und denken Sie immer daran: je höher es am Niederrhein geht, desto mehr fühlt es sich an wie Bergsteigen!

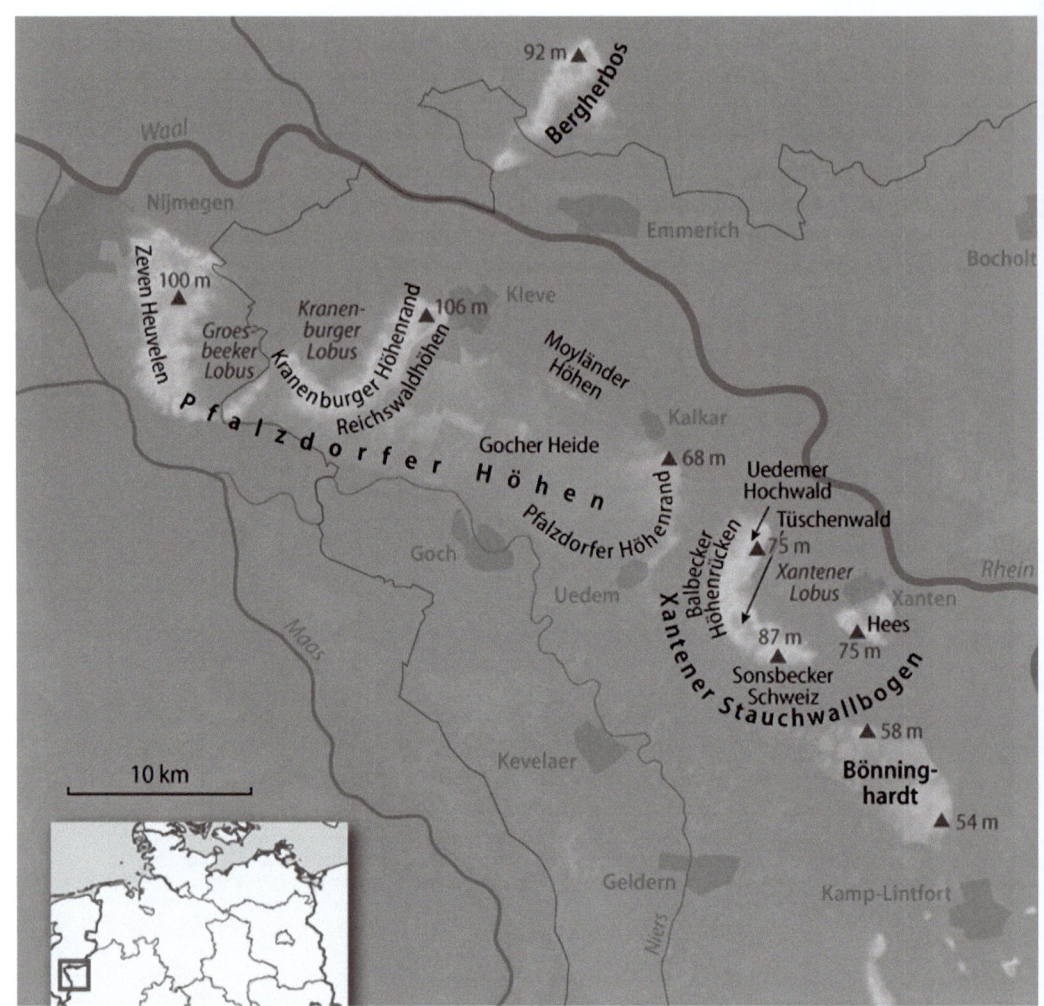

Der Niederrheinischer Höhenzug verläuft in einem Bogen etwa 70 Kilometer von Krefeld nach Nimwegen.

2

Der Hülser Berg

Riesen, Zwerge und ein Galgen

Geologisch gesehen ist der Hülser Berg eine Hinterlassenschaft der Saale-Eiszeit. Mit 63 Metern ist er die höchste natürliche Erhebung im Krefelder Stadtgebiet. Der mit Laubwald bestandene Berg liegt etwa zwei Kilometer nordöstlich der 1975 eingemeindeten Ortschaft Hüls in der Gemarkung Traar. Dort, wo es sonst keine Erhöhungen gibt, beflügelt ein alleinstehender Berg die Fantasie. Deshalb existieren über den Hügel mehrere Sagen und Legenden von Hexen und Zwergen. Ursache dafür ist bestimmt auch seine ungewöhnliche Form, denn im Gegensatz zu heute war der Berg früher nicht bewaldet und von einem schlecht passierbaren Sumpfgebiet umschlossen. Am Silvestertag 1797 wurden hier die Räuber Schenk und Koken als letzte exekutiert.

Wo Räuber früher am Galgen endeten und Ausflügler heute ihr Picknick ausbreiten, erzählt eine Hülser Sage über die Entstehung des Hülser Berg: Einstmals arbeiteten Riesen hier, um das Bett des Rheines auszuheben. Auf ihrem Heimweg lösten sich von ihren Holzschuhen schwere Erdklumpen. Der Hülser Berg war entstanden. Eine weitere Sage berichtet von einem Zwergenvolk, welches im Hülser Berg wohnte. Sein König hatte ein Verhältnis mit der Tochter des Grafen von Krakauen bei Krefeld. Einmal wurde er vom Grafen überrascht und von ihm mit einem Pfeilschuss getötet. Das Zwergenvolk im Hülser Berg begrub ihren König am Schlossteich des Grafen und sang dabei einen seltsamen Grabgesang. Jedes Mal, wenn sie das Lied gesungen hatten, sprang einer von ihnen in das Wasser, bis sie schließlich alle ertrunken waren.

Ort

Krefeld

Krefeld gehört zum Regierungsbezirk Düsseldorf. Die linksrheinische Großstadt trägt aufgrund der Seidenstoffproduktion des 18. und 19. Jahrhunderts den Beinamen *Samt- und Seidenstadt*. Sie zählte bis zur ersten Hälfte des 20. Jahrhunderts lange Zeit zu den wohlhabendsten Städten in Deutschland. Seit dem Niedergang der Seidenindustrie wird die Wirtschaft Krefelds vor allem durch die chemische Industrie, den Maschinen- und Anlagenbau sowie die Metallindustrie dominiert.

Adresse für Navigation

Rennstieg 1, 47802 Krefeld
GPS-Daten: 51.38844118101502, 6.536762341915974

Öffentlicher Nahverkehr

Mit dem Bus 060 vom Krefelder Hauptbahnhof zur Haltestelle Krefeld, Hülser Berg.

Wandern am Hülser Berg

Ausgangspunkt: Parkplatz Gasthaus Hülser Bergschänke, Rennstieg 1, 47839 Krefeld.
GPS-Daten: 51.38844118101502, 6.536762341915974.
Typ:Rundweg
Länge:ca. 3,3 Kilometer.
Schwierigkeit:einfach, mit einigen Steigungen.
Beschilderung:Holzschild Heinrich-Mertens-Weg.
Wegbeschaffenheit:Waldwege
Bemerkenswertes: Aussichtsturm, Wildgehege.

Startpunkt der Wanderung ist der große Parkplatz an der Hülser Bergschänke. Hier stehen mehrere Wege zur Auswahl. Wir wählen den *Heinrich-Mertens-Weg*, der mit hölzernen Wegweisern ausgeschildert ist. Nach einem leichten Anstieg erreichen wir zunächst den 30 Meter hohen Johannesturm. Wer die 163 Stufen aus Gitterrosten schafft und wieder zu Atem gekommen ist, hat von oben einen wunderschönen Panoramablick auf das niederrheinische Tiefland. Die Aussicht reicht bis nach Düsseldorf und zu den Braunkohle-Schloten. Bei besonders gutem Wetter erahnt man die Spitzen des Kölner Doms. In der Nähe des Turmes befand sich in der Zeit von 1600 bis 1800 auf den Moränenhügeln eine Hinrichtungsstätte, der Galgenberg. Verbrecher fanden hier am Galgen oder durch Enthauptung ihr Ende. Auch wurden an diesem Ort Hinrichtungen vermeintlicher Hexen durchgeführt.
Am Turm geht es über einen Weg abwärts. Unten angekommen halten wir uns links und wandern weiter durch den Wald bis zum Wildgehege. Der weitere Weg zur Eremitenquelle durchschneidet die Wälle einer ehemaligen eisenzeitlichen Burganlage. Die Burg stammt aus dem vierten oder dritten Jahrhundert vor Christus. Wer sie baute und welchen Zweck sie erfüllte, bleibt ein Geheimnis. Fest steht nur, dass die Wallburg als Festung genutzt wurde und am Niederrhein einzigartig ist. Eine vergleichbare Festung haben Archäologen in der Region nicht mehr entdeckt. Mit aufmerksamem Blick sieht der Wanderer in den Bäumen kleine handgeschnitzte Holzfiguren sitzen. Sie gehören zur Gnom-Ausstellung.
Jetzt führt uns der Heinrich-Mertens-Weg weiter zur Eremitenquelle. Der Legende nach ein Ort, an dem ein Einsiedler Einkehr suchte und fand. Bis zum Versiegen der Quelle kamen viele Menschen aus nah und fern in den Wald, um sich mit Kanistern und Flaschen das Wasser der Quelle zu sichern. Von der Quelle geht es jetzt aufwärts weiter. Über eine kleine Lichtung führt uns der Heinrich-Mertens-Weg wieder zum Aussichtsturm und von dort aus wieder zum Parkplatz an der Hülser Bergschänke.

Aussicht

Auf dem Hülser Berg steht der rund 30 Meter hohe Johannesturm. Der Aussichtsturm wurde nach Johannes dem Täufer benannt und ist ein beliebtes Ausflugsziel in der Region. Wer die 163 Stufen schafft, wird mit einem grandiosen Blick auf die Stadt Krefeld, über die niederrheinische Landschaft und das Ruhrgebiet belohnt.

Blick vom Johannesturm auf die niederrheinische Landschaft.

Gewässer

Die Niepkuhlen

Die Niep oder Niepkuhle (=feuchtes, häufig mit flachem Wasser bedecktes Gelände) ist eine verlandete Altstromrinne des Rheines, die sich als sumpfige Niederung von Krefeld über eine Vielzahl von Mäanderschleifen durch das linke Niederrheingebiet bis Vluyn und weiter bis Issum zieht. Die Niepkuhle lässt sich über mehrere Wege erwandern.

Adresse: Die Niepkuhlen erstrecken sich über mehrere Kilometer. Ein Einstiegspunkt ist der Geilingsweg 151, Neukirchen-Vluyn.

Museen

Museum Haus Lange und Museum Haus Esters

Haus Lange und Haus Esters werden seit 1955 bzw. seit 1981 als Ausstellungshallen für zeitgenössische Kunst genutzt. Wobei schon die von Mies van der Rohes erbauten Villen selbst als Ausstellungsstücke betrachtet werden können.

Adresse: Wilhelmshofallee 91–97, 47800 Krefeld, Tel.: 0215 1975580, https://kunst-museenkrefeld.de

Tipps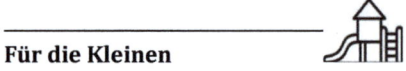

Der Schluff und ein Fresko

Eine Attraktion für Groß und Klein ist die Fahrt mit dem Schluff, Krefelds historischer Dampfeisenbahn. An jedem Sonn- und Feiertag in der Saison von Mai bis September können Fahrgäste mit dem Schluff von St. Tönis über Krefeld-Nordbahnhof ins Naherholungsgebiet Hülser Berg fahren.

Stationen: St. Tönis, Krefeld Nordbahnhof, Hüls, Hülser Berg, Tel.: 0215 1982364, https://schluff-krefeld.de

Im großen Saal der Hülser Bergschenke können Kunstinteressierte die Reste eines Freskos des niederländischen Künstlers Johan Thorn Prikker bewundern.

Adresse: Rennstieg 1, 47802 Krefeld.

Für die Kleinen

Abenteuerspielplatz Hülser Berg

Dieser Spielplatz bietet viele Spielgeräte wie eine Rutsche, Schaukeln, Klettergerüste und eine Seilbahn. Es gibt auch eine Wasserspielanlage und einen Sandspielbereich. Es gibt auch eine Seilbahn.

Adresse: Rennstieg, 47802 Krefeld

In der Nähe

Der römische Tempel von Krefeld-Elfrath und die Hülser Burg

Im Krefelder Stadtteil Elfrath wurde 1988 beim Bau eines Sportplatzes eine Tempelanlage aus römischer Zeit ausgegraben, die sich aus einem einheimischen Kultplatz entwickelt hatte. In diesem Heiligtum wurden einheimische und römische Kult- und Architekturtraditionen vereint.

Die Hülser Burg stammt aus dem Jahr 1455 und wurde später durch eine Wasserburg ersetzt. 1492 fand in ihren Mauern ein Hexenprozess statt. In den nächsten 200 Jahren wurde die Burg durch mehrere Schlachten stark beschädigt. Letztlich fiel die unbewohnte Burg für 300 Jahre in einen Dornröschenschlaf. Durch den Heimatverein Hüls e. V. und den Hülser Sportverein e. V. wurden das Mauerwerk, der Burgturm und der Wehrgang saniert. Der Burghof bietet eine attraktive Kulisse für Veranstaltungen. Die Hülser Burg ist in den Sommermonaten sonntags geöffnet. Der Eintritt ist frei.

Adresse Röm. Tempel: Heiligtum von Elfrath, Werner-Voß-Straße, 47802 Krefeld.

Adresse Hülser Burg: Herrenweg, 47839 Krefeld.

Einkehr

Gasthaus Hülser Bergschänke, Rennstieg 1, 47802 Krefeld, Tel: 02151 568841, https://huelser-bergschaenke.de

Winkmannshof by Qani, Albert-Steeger-Straße 19, 47809 Krefeld, Tel.: 02151 3258794, https://winkmannshof.com

Restaurant Zeus, mit dem Bohrturm Krefelder Sprudel, wo früher ein Mineralwasser gewonnen wurde. Sprudeldyk 12, 47802 Krefeld, Tel.: 02151 753979, https://krefelder-sprudel.eatbu.com

Camping

Campingplatz Giswinkelshof, Krefeld-Verberg, Engerstraße 129, 47800 Krefeld, Tel.: 02151 3264365, http://giswinkelshof.de (kein Kurzzeitcamping)

3

Der Egelsberg

Ausgeklingt – grenzenlose Freiheit am Himmel

Der Egelsberg im Krefelder Ortsteil Traar, zwischen Krefeld und Moers gelegen, ist besonders im Sommer ein schönes Ausflugsziel. Da ist zu einem der Flugplatz Krefeld-Egelsberg mit einer 640 Meter langen Graspiste für motorgetriebene Luftfahrzeuge und einer 800 Meter langen Graspiste für den Windenstart von Segelflugzeugen. Der Flugbetrieb läuft bei gutem Wetter zwischen April und Oktober am Wochenende sowie in der Wochenmitte. Zum anderen finden flugängstliche dort oben im Naturschutzgebiet *Nieder Heide* ausgedehnte Spazierwege, die unter anderem zu einer weithin sichtbaren Landmarke, der Egelsbergmühle, führen.

Adresse für Navigation

47802 Krefeld, Siedlung Egelsberg, Ecke Axel-Holst-Weg.
GPS-Daten: 51.38990449463716, 6.577794068538793.

Öffentlicher Nahverkehr

Mit der Buslinie 052 oder 058 vom Krefelder Hauptbahnhof bis Haltestelle Bergstiege. Dem Fußweg Bergstiege folgen. Nach etwa fünf Minuten befinden Sie sich auf dem Egelsberg, direkt am Eingang der Flugzeughalle.

Wandern am Egelsberg

Durch das Naturschutzgebiet Egelsberg

Ausgangspunkt: 47802 Krefeld, Siedlung Egelsberg, Ecke Axel-Holst-Weg.
GPS-Daten: 51.38990449463716, 6.577794068538793.

Typ: Rundwanderweg
Länge: 4,5 Kilometer
Schwierigkeit: leicht
Höhenmeter: eben
Beschilderung: keine
Wegbeschaffenheit: Trampelpfade, Wiesen- und Sandwege, wenig Asphalt.
Bemerkenswertes: Heidelandschaft, Flugplatz.

Vom kleinen Parkplatz geht es zu Beginn über den schmalen Trampelpfad des *Axel-Holst-Weges*. Am T-Stück geht es nun über Asphalt links herum und an der nächsten Kreuzung wieder rechts herum. Bevor der Wirtschaftsweg links abbiegt, folgen wir dem Weg nach rechts in den Wald. Entlang des Waldes ändert sich der Untergrund zu Schotter. Nachdem der Wald verlassen wurde, läuft man auf sandigen Grund bis an den Zaun des kleinen Flugplatzes immer geradeaus. Hier rechts abbiegen und nicht dem Weg am Zaun folgen, sondern den Weg in die Heide folgen. Dem gewundenen Weg so lange folgen, bis er eindeutig und alleinig nach rechts abbiegt. Hier gehen wir auf dem unscheinbaren Wiesenweg geradeaus bis an den Waldrand. Während meiner Wanderung standen hier vollkommen passend Heidschnucken zur Pflege dieser Landschaft. Am Waldrand jetzt rechts und fast bis zum Parkplatz zurück. Wer keine Lust mehr hat, kann hier auch die paar Meter bis zum Ausgangspunkt gehen. Ich aber biege scharf nach rechts ab und folge dem Pfad bis an die hintere Ecke des Feldes. Dort führt ein leicht übersehbarer Wiesenpfad nach links durch eine konzentrierte Heidelandschaft voller violetter Erika und vereinzelter

Birken. Wenn man ein T-Stück vor einem großen Baum erreicht hat, biegt man nach links ab und folgt dem Wiesenpfad zwischen Wald- und Feldrand zurück zum Parkplatz. Ein kurzer, aber sehr schöner Spaziergang findet hier sein Ende.

Textquelle: Jürgen Weiß, www.wanderwegewelt.de

Aussicht

Von der Spitze des Egelsbergs aus bietet sich eine schöne Aussicht auf die Umgebung. Aufgrund der erhöhten Lage des Berges hat man einen weiten Blick über die umliegende Landschaft und kann bei gutem Wetter bis zum Rhein und zu den angrenzenden Ortschaften sehen. Besonders reizvoll ist die Aussicht vom Egelsberg bei Sonnenuntergang, wenn die Landschaft in warmes Licht getaucht wird und sich die Farben des Himmels verändern. Viele Besucher kommen daher gezielt zum Egelsberg, um den Sonnenuntergang zu beobachten und die Aussicht zu genießen.

Gewässer

Der Luiter See, der Hohenforster See und der Elfrather See

Der Luiter See und der Hohenforster See sind zwei kleine Seen ganz in der Nähe des Egelsbergs, die sich zum Spazierengehen eignen.

Adresse: 47447 Moers, Luiter Straße 173.

Der Elfrather See ist ein großer Badesee und ein Erholungsgebiet in der Nähe des Egelsbergs. Er bietet eine Vielzahl von Wassersportmöglichkeiten wie Schwimmen, Tauchen, Segeln, Windsurfen und Kanufahren. Es gibt auch einen Sandstrand und eine Promenade mit Restaurants und Cafés, Picknickplätzen, Sportfeldern und Wegen.

Adresse: Bruchweg 26–28, 47829 Krefeld.

Museen

Die Burg Linn und das Deutsches Textilmuseum

Die Burg Linn ist eine gut erhaltene mittelalterliche Burg, die heute als Museum genutzt wird. Das Museum zeigt die Geschichte der Burg und der Region, darunter auch archäologische Funde und eine Sammlung mittelalterlicher Waffen und Rüstungen.

Adresse: Rheinbabenstraße 85, 47809 Krefeld, https://museumburglinn.de

Das Deutsche Textilmuseum in Krefeld zeigt die Geschichte der Textilindustrie in der Region, von der Handweberei bis zur modernen Textilproduktion. Es gibt auch eine Sammlung historischer Textilien und Werkzeuge.

Adresse: Andreasmarkt 8, 47809 Krefeld, https://deutschestextilmuseum.de

---

Für die Kleinen

Der Flugplatz-Spielplatz

Auf dem Flugplatz-Spielplatz am Krefelder Egelsberg können sich die Kleinen nicht nur auf den Spielgeräten austoben, sondern den Segel- und Motorflugzeugen beim Starten und Landen zusehen. Ein Kiosk sorgt für das leibliche Wohl.

Adresse: Liesentorweg 12, 47802 Krefeld, https://edlk.de

Die Mühle auf dem Egelsberg ist das Wahrzeichen des Krefelder Stadtteils Traar.

In der Nähe

Siehe oben bei Hülser Berg: Der römische Tempel von Krefeld-Elfrath und die Hülser Burg.

Einkehr

Flughafen Egelsberg Gastronomie GmbH., Lilienthalweg 12, 47802 Krefeld-Traar, Tel.: 02151 7818220, https://gastronomie-am-egelsberg.eatbu.com/?lang=de

---

Camping

Campingplatz Giswinkelshof, Krefeld-Verberg, Engerstraße 129, 47800 Krefeld, Tel.: 02151 3264365, http://giswinkelshof.de (kein Kurzzeitcamping)

4

Der Schaephuyser Höhenzug

Erholung im Grünen mit schöner Aussicht in die Umgebung

Die Schaephuyser Höhen bilden einen sich in Nord-Süd-Richtung erstreckenden Höhenzug und liegen hauptsächlich auf dem Gebiet der Gemeinde Rheurdt im Südosten des Kreises Kleve. Sie sind weitgehend bewaldet. Die höchste Erhebung ist der 80,3 Meter hohe Saelhuyser Berg. Nach Osten fällt der Höhenzug in Richtung Rheurdt und Schaephuysen ab, nach Westen schließt sich die Aldekerker Platte an, die zur Niersniederung überleitet.

Ort

Rheurdt

Die Gemeinde Rheurdt gliedert sich in die zwei Ortschaften Rheurdt und Schaephuysen. Rheurdt war aufgrund der dort vorkommenden tonhaltigen Bodenbeschaffenheit im 18. und 19. Jahrhundert ein Töpferdorf. Das Dorfleben wird seit Jahrzehnten von der Landwirtschaft geprägt. Im Ökodorf Rheurdt werden unterschiedliche Pferderassen gezüchtet. Ehemalige landwirtschaftliche Betriebe bieten Pensions- und Ferienställe an.
Im Jahr 1977 gewann der Ortsteil Schaephysen die Goldmedaille auf Bundesebene im Wettbewerb *Unser Dorf soll schöner werden.*

Adresse für Navigation

Aldekerker Straße 9, 47509 Rheurdt.
GPS-Daten: 51.467447988187004, 6.469425967907376.

Öffentlicher Nahverkehr

Mit dem Bus 077 von Krefeld Oranierring nach Rheurdt Sparkasse.

**Wandern auf dem
Schaephuyser Höhenzug**

Rundwanderweg Schaephuysener Höhen

Ausgangspunkt: Parkplatz an der Pfarrkirche St. Nikolaus, Aldekerker Straße 9, 47509 Rheurdt.
GPS-Daten: 51.467447988187004, 6.469425967907376.

Typ: Rundweg
Länge:13 Kilometer
Schwierigkeit: leicht, mit einigen milden Steigungen.
Beschilderung: keine
Wegbeschaffenheit: Straße, Fußgängerwege, Wald- und Feldwege.
Bemerkenswertes: Turmwindmühle, Friedenseiche.

Wir starten die Panoramatour am Parkplatz der Pfarrkirche St. Nikolaus in Rheurdt, Aldekerkerstraße 9, und gehen durch den Burgerpark und die *Meisterstraße*. Von hier aus dann rechts in den *Burgenweg* zur Marienkapelle. Direkt vor der Marienkapelle führt der Weg links ansteigend aus dem Ort zur Friedenseiche von 1871. Von der Höhe aus genießen wir den ersten Panoramablick und gehen weiter bis zur Überquerung der *Aldekerker Straße* in südliche Richtung. Hinter der Aldekerker Straße geht es links in den Weg *Kengen*, wodurch wir uns wieder in Richtung Rheurdt bewegen. Schon kurze Zeit später sind die Flügel der Turmwindmühle am Sportplatz Rheurdt zu sehen. Nun steigt der Weg bergan, führt durch einen Hohlweg an einem Schießstand vorbei aufs freie Feld. Nachdem wir den *Lilienweg* überquert haben, biegen wir an der folgenden Kreuzung nach rechts ab. Jetzt verläuft der Weg weiter auf der westlichen Seite der Schaephusener Höhen.
An der folgenden Gabelung geht es links ab. Kurze Zeit später verlassen wir den Wald und wandern am Ortsteil Finkenberg vorbei. Wir bewegen uns jetzt längs des Waldrandes am *Schardenberg*. Von hier genießen wir die herrliche Aussicht in Richtung Westen. Nun gelangen wir zum *Bongarzsteg*, wo wir links in den Wald abbiegen. Dann geht es gleich nach rechts ab. Kurz danach ergibt sich von den Höhen des Schaephuyser Bergs der Blick nach Osten zum alten Förderturm der Landesgartenschau 2020 in Kamp-Lintfort. Jetzt geht der Weg vorbei an Anlagen des Wasserwerks und endet am eingezäunten Gelände eines Aussiedlerhofs. Am Ende des Zaunes wandern wir links weiter. Durch einen Hohlweg mit Blick auf die Pfarrkirche erreichen wir den Ort Schaephuysen.
Am Ortseingangsschild gehen wir links ab und hinter einer als Gartenhaus genutzten Seilbahngondel nochmal links. Über den Weg *Maassteg* überqueren wir die *Rheurdter Straße*, gehen weiter über den Weg *Sandbruch* in Richtung Staatsforst und Littardkuhlen. Nach dem Passieren eines alten Bahnübergangs geht es an der nächsten Kreuzung nach links ab und kurz danach nach rechts in Richtung Wald. Nach dem Überqueren des Landwehrbaches führt der Weg in den Wald. Wir halten uns bis zum Erreichen des Hauptweges rechts. Der geht rechts in südlicher Richtung zu einem Wanderparkplatz.
Nun folgen wir dem Weg, der parallel zu den Littardkuhlen verläuft. Wir erreichen nach etwa einem Kilometer eine Ferienhaussiedlung und einen Campingplatz, wo wir nach links auf einem breiten Weg in den Wald abbiegen. Auf dem Weg *An der Littard* verlassen wir den Wald und wandern geradeaus weiter bis zur *Bahnstraße* in Rheurdt. Auf der Bahnstraße gehen wir links vorbei am alten Rheurdter Bahnhofsgebäude bis zur *Rathausstraße*. Nun noch am alten Rathaus vorbei, dann erreichen wir in Kürze den Parkplatz an der Pfarrkirche St. Nikolaus.

Aussicht

Von den Schaephuysener Höhen aus bieten mehrere Panoramablicke eine schöne Aussicht auf die Umgebung.

Gewässer

Littardkuhlen

Die Littardkuhlen, ganz in der Nähe des Naturschutzgebietes Staatsforst Rheurdt/ Littard, sind sumpfige Reste von Altläufen des Rheins. Diese schmalen, lang gestreckten, flachen Gewässer gehören zur Niep, einer verlandeten Altstromrinne des Rheins. Sie sind ein für diese Landschaft einzigartiges und typisches Relikt der Eiszeit.

Adresse: 47509 Rheurdt, Littardweg 28.

Museum

Das Heimatmuseum Verein für Gartenkultur und Heimatpflege

Im Ortsteil Schaephuysen zeigt das Heimatmuseum Verein für Gartenkultur und Heimatpflege Schaephuysen eine Sammlung von heimatgeschichtlichen Exponaten.

Adresse: Hauptstraße 39, 47509 Rheurdt, https:// vfguh-schaephuysen.de

Für die Kleinen

Der Waldspielplatz Alte Poststraße Neufeld, Adresse: Alte Poststraße, 47509 Rheurdt.

In der Nähe

Das Schloss Bloemersheim

Das Schloss Bloemersheim ist ein Wasserschloss bei Neukirchen-Vluyn und eine der eindrucksvollsten Anlagen seiner Art im Kreis Wesel. Es zählt zu den ältesten Rittersitzen dieser Gegend. Erstmalig 1406 und anfänglich unter dem Namen Bloemerts Hof erwähnt. Die Anlage ist heute ein beliebtes Ausflugsziel für Fußgänger und Radfahrer und ein gern verwendetes Fotomotiv.

Ganz in seiner Nähe, im Südosten der Gemeinde Rheurdt, liegt das Rokokoschloss Leyenburg aus der zweiten Hälfte des 18. Jahrhunderts.

Adresse: Bloemersheimer Weg 2, 47506 Neukirchen-Vluyn und Leyenburg 3, 47509 Rheurdt.

Einkehr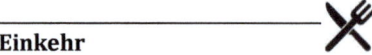

Restaurant Haus Winters-Gilbers, Rheurdter Straße 2, 47509 Rheurdt, Tel.: 02845 6404, http://restaurant-hauswintersgilbers.de

Landgasthof Zur Linde, Hauptstraße 22, 47509 Rheurdt, Tel.: 02845 6445, https://zur-linde.eatbu.com/?lang=de

Camping

Bej Wolters, Neufelder Straße 152, 47509 Rheurdt, Tel.: 02845 28529.

Wohnmobilpark an der Windmühle, St. Nikolausweg 15, 47509 Rheurdt, https://wohnmobilpark-lotz.de

 5

Der Oermter Berg

Der Familienberg

Der Oermter Berg ist eine 68 Meter hohe, überwiegend bewaldete Endmoräne zwischen den niederrheinischen Gemeinden Issum und Rheurdt. In den 1950er Jahren wurde dort mit dem Ausbau des Volksparks Oermter Berg begonnen. Er ist als Landschaftsschutzgebiet ausgewiesen und mit etwa 150.000 Besuchern pro Jahr ein bedeutendes Naherholungsgebiet der Region. Verschiedene Tiergehege mit Rotwild, Damwild und Mufflons lassen sich in ihrer natürlichen Umgebung beobachten. Auf einem Waldlehrpfad wird die botanische Artenvielfalt erklärt. Mehrere Spielplätze, weitläufige Spielwiesen und ein Trimm-dich-Pfad bieten umfangreiche Bewegungsmöglichkeiten und eignen sich deshalb besonders für Familienausflüge.

Ort

Rheurdt, siehe bei Schaephuyser Höhenzug.

Adresse für Navigation

Niederend 113, 47509 Rheurdt.
GPS-Daten: 51.48174153181853, 6.470341811210542.

Öffentlicher Nahverkehr

Vom Bahnhof Moers, Buslinie 7 (Moers-Rheurdt), zur Haltestelle Oermterberg,
oder Linie 077 (Krefeld-Rheurdt),zur Haltestelle Oermterberg.

Wandern am Oermter Berg

Rundweg Oermter Berg

Dieser Rundweg führt durch den Wald am Oermter Berg und bietet wunderschöne
Ausblicke auf den Niederrhein und die umliegende Landschaft.

Parkplatz: Niederend 113, 47509 Rheurdt.
GPS-Daten: 51.48174153181853, 6.470341811210542.
Typ: Rundweg
Länge: 5,5 Kilometer (5,9 Kilometer mit dem Abzweig zur Kapelle).
Schwierigkeit: leicht, einfache Anstiege.
Beschilderung: aufwendig gestaltete Tafeln.
Wegbeschaffenheit:Waldwege, Wiesenweg, Sand und wenig Asphalt.
Bemerkenswertes: Oermter Berg, Wildgehege.

Der Weg startet am angegebenen Parkplatz vor dem Museum für wenige Meter nach links und dann nach rechts
bergan. Den folgenden Abzweig nach links ignorieren. Von
Anfang an ist der Weg konsequent ausgeschildert. Kein
Wegezeichen – kein Abbiegen. An der nächsten Wegeteilung nach links wenden. Durch ein Tor betritt man das
Gelände des Schönstatt-Zentrums. In den ersten Weg links
einbiegen. An der folgenden Möglichkeit nach rechts wandern. Nach einem Abstecher zur Kapelle geht es zwischen
die Gebäude hindurch. Man folgt dem asphaltierten Weg
im Linksbogen bis zum Ausgang des Schönstatt-Zentrums.
Nun rechts herum und wenig später ein weiteres Mal nach
rechts abbiegen. An einer Schranke vorbei geht es wieder
in den Wald und dann nach rechts. Vor dem Wildgatter
dann nach links wenden. An dessen Ende rechts abbiegen.
Der Weg führt jetzt bergab, passiert einen Spielplatz und

biegt vor dem nächsten Wildgehege nach links. Diesem Weg nun bis zum T-Stück innerhalb eines Freizeitareals folgen und dann nach rechts wandern. Am nächsten T-Stück verlässt man das beliebte Gelände nach links. Jetzt folgt man dem oberen Weg bis zu einer Straße. Diese wird geradeaus überquert und weiter geht es am Feldrand entlang. Schließlich endet der Feldweg und es geht nach rechts weiter. An der Schutzhütte vorbei geht es weiter geradeaus. Dann wählt man an der We- geteilung den rechten Zweig. Der führt bis an die Rheurdter Straße. Diese diagonal kreuzen und auf den Bauernhof zuwandern. Davor nach rechts, später wieder links herum. Nun gilt es, für kurze Zeit ein Neubaugebiet zu durchwandern. Erst am Straßenende nach rechts wenden. Wieder bis zu einer Straße wandern. jetzt links abbiegen und erst unmittelbar hinter den Schienen nach rechts wenden. Später führt der Weg wieder nach rechts über die Schienen. Gleich darauf vor dem Insek- tenhotel nach links wandern. Neben einer Hofzufahrt geht es weiter geradeaus. Am folgenden Querweg durch die Sperrgatter der Laufrichtung treu bleiben. Schließlich führt der Weg wieder auf die Schienen, auf denen zuletzt nur noch der Schluff unter- wegs war. Dem Schienenstrang folgen wir nach links. Schließlich geht es nach rechts und über die Landstraße hinweg. Danach knapp hundert Meter nach links wandern, ehe es wieder nach rechts zum Oermter Berg geht. Am folgenden T-Stück nun links abbiegen. Der Weg führt kurz und steil bergan, danach geht es weiter in Laufrich- tung. Man erreicht einen weiteren kleinen Spielplatz und steigt die Stufen zur Linken hinunter. Im weiteren Verlauf geht es dann später wieder über Stufen nach rechts hinauf und auch danach weiter bergan bis zu einem T-Stück. Hier nach links wenden. Der Weg führt im weiten Linksbogen bergab. Auch neben einem Trimmdichgerät bleiben wir links. Dann ignoriert man alle Abzweige, bis es über Treppenstufen wieder abwärts geht. Der Treppenabgang mündet in einen breiten Weg, dem man geradeaus folgt. So erreicht man den Ausgangspunkt der Wanderung. Wem die Tiere oben gefallen haben, darf nun gerne den Spendenautomaten am Parkplatz nutzen.

Textquelle: Jürgen Weiß, www.wanderwegewelt.de

Aussicht

Der Berg bietet im Osten Ausblicke auf die niederrheinische Donkenlandschaft und im Westen auf das Nierstal.

Gewässer

Das Spaßbad Hexenland

Eingebettet in die Freizeitanlage Koetherdyck in Sevelen befindet sich das Spaßbad Hexenland. Fast zwei Hektar Liegewiese mit herrlichem Baumbestand.

Adresse: Scheepersdyck 1, 47661 Issum-Sevelen.

Museum

Die Dauerausstellung der Naturkundlichen Sammlung Niederrhein

Am Fuße des Oermter Berges wird dem Besucher die Entwicklung der Region von der Eiszeit bis zur Industrie dargestellt.

Adresse: Bürgerbegegnungsstätte Oermter Berg, Rheurdter Straße 214a, 47661 Issum. 02845 6745, info@haus-oermterberg.de

Tipp

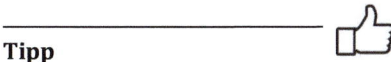

Wildfütterung, Waldlehrpfad

Zu bestimmten Zeiten können die Besucher Wildfütterungen im Wildgehege beobachten. Der Waldlehrpfad Oermter Berg erklärt mehr als nur die Jahresringe.

Für die Kleinen

Drei Spielplätze am Oermter Berg

Der Oermter Berg ist eine Freizeitanlage ohne Kommerz, was Mütter und Väter sehr zu schätzen wissen. Drei Spielplätze gibt es auf dem Oermter Berg, darunter ein Westernfort am Waldrand, alle bieten kleinen und großen Kindern Gelegenheit zum Toben und Spielen.

Adresse: Rheurdter Straße, 47661 Issum (Fußweg durch den Wald).

In der Nähe

Das Naturschutzgebiet Fleuthkuhlen

Direkt neben dem Oermter Berg liegt das Naturschutzgebiet Fleuthkuhlen. Die Fleuthkuhlen sind ein Niedermooekomplex, entstanden im 18. und 19. Jahrhundert durch bäuerlichen Torfabbau.

Adresse: Finkenhorster Weg, 47608 Geldern.

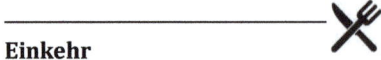

Einkehr

Haus Oermterberg, Niederend 113, 47509 Rheurdt, Tel.: 02845 6745,
https://haus-oermterberg.de

Camping

Campingplatz Forellenhof, Kengen 43, 47509 Rheurdt, Tel.: 02833 66 96,
Internet: http://campingplatz-forellenhof.de

Campingplatz Lupinenhof, Kengen 47, 47509 Rheurdt, Tel.: 02833 7650.

Campingplatz mit Minigolfplatz, Neufelder Straße 152, 47509 Rheurdt,
Tel.: 02845 28529, http://www.bej-wolters.de

Campingplatz Konijnenberg, Am Hoschenhof 2, 47506 Neukirchen-Vluyn,
Tel.: 02845 21820.

⑥

Der Rayener Berg

Die ehemalige Bauernschaft Rayen

Die ehemalige Bauernschaft Rayen ist heute ein Ortsteil der Stadt Neukirchen-Vluyn.
Der dörflich geprägte Siedlungskern liegt an den südlichen Ausläufern des Rayener
Berges. Der 63 Meter hohe Berg ist vorrangig mit Buchen und Eichen bewaldet und
als Naturschutzgebiet ausgewiesen.

Adresse für Navigation

Bergweg 3, 47506 Neukirchen-Vluyn (am Friedhof).
GPS-Daten: 51.467660425850305, 6.535476897719256.

Öffentlicher Nahverkehr

Mit Bus 076 von Krefeld Hauptbahnhof nach Neukirchen-Vluyn, Rayen, Bergweg.

Rund um den Rayener Berg

Ausgangspunkt: Bergweg 3, 47506 Neukirchen-Vluyn (am Friedhof).
GPS-Daten: 51.467660425850305, 6.535476897719256.
Typ: Rundweg
Länge: 2,4 Kilometer
Schwierigkeit: leicht
Beschilderung: keine
Wegbeschaffenheit: Trampelpfade, Waldwege.
Bemerkenswertes: Birkenhain, Rayener Mühle.

Das Auto auf dem Parkplatz vor dem Friedhof abgestellt, gehe ich bis zur Ecke des Sportplatzes des SuS Rayen. Hier biege ich links in den Weg ein. Auf dem gewundenen, schmalen Trampelpfad wird es immer wieder eng. Lange Hosen sind hier Pflicht. Ansonsten macht man schon mal Bekanntschaft mit Brennnesseln oder Dornen. Am T-Stück geht es links, und wenn man aus dem Wald herauskommt, rechts. Vorbei an einem Haus. Am nächsten Haus, noch bevor es durch die rot-weißen Pöller geht, biegt man rechts ab. Immer am Waldrand entlang geht es diesmal, kurz bevor man den Wald verlässt, rechts herum. Ständig bergan kommt man an einem Hof vorbei, wieder zum Parkplatz zurück. Ein Weg, der insbesondere auch Kindern gefällt.

Textquelle: Jürgen Weiß, www.wanderwegewelt.de

Großer Parsick und Nieper Kuhlen

Großer Parsick und Nieper Kuhlen sind zwei verlandete Altstromrinnen des Rheines, die zum Wandern einladen.

Adresse Großer Parsick: Am Großen Parsick, 47906 Kempen.

Adresse Nieper Kuhlen: Benedensdyk 3, 47506 Neukirchen-Vluyn.

Die flügelose Windmühle von 1820 am Rayener Berg.

Museum

Das Museum Neukirchen-Vluyn

Das Museum Neukirchen-Vluyn präsentiert die Themenbereiche Stadtgeschichte, Warenwelt und Textilgeschichte sowie Schulgeschichte, Mühlen, Transmission und Dampfmaschinen.

Adresse: Pastoratstraße 1, 47506 Neukirchen-Vluyn, https://museum-neukirchen-vluyn.de

Tipps

Die Evangelische Johanniskirche, die Windmühle und das Wasserschloss Bloemersheim

Einen Besuch wert ist die auf einer Anhöhe im südlichen Bereich des Rayener Berges liegende evangelische Johanniskirche im Ortsteil Rayen. Das ganz in der Nähe liegende Wasserschloss Bloemersheim befindet sich, genauso wie die flügellose Windmühle auf dem Rayener Berg , in Privatbesitz und ist deshalb leider nur von außen zu besichtigen.

Für die Kleinen

Spielplatz in Neukirchen-Vluyn, Adresse: Dicksche Heide, 47506 Neukirchen-Vluyn.

Spielplatz Niederrheinallee, Adresse: Niederrheinallee 64, 47506 Neukirchen-Vluyn.

In der Nähe

Die Halde Norddeutschland

(siehe dort)

Einkehr

Samannshof, Littardweg 55, 47506 Neukirchen-Vluyn, Telefon: 02845 9846688, Internet: https://samannshof.de

Camping

Hammans, Kengen 41, 47509 Rheurdt, Tel.: 02833 6696.

7

Die Bönninghardt

Ein Räuberhauptmann und ein falscher Ortsname

Die Bönninghardt liegt zwischen den niederrheinischen Gemeinden Issum, Sonsbeck und Alpen mit dem Ortsteil Bönninghardt. Sie erstreckt sich vom Tüschenwald bei Sonsbeck bis zum Staatsforst Leucht in Kamp-Lintfort. Als Teil der Niederrheinischen Höhen umfasst sie etwa 37 Quadratkilometer und liegt im Mittel etwa 45 Meter über NN. Schon in der Vergangenheit war die Bönninghardt bewohnt. Noch heute sind mehrere Hügelgräber zu erkennen, die eine Höhe von 50 cm bis 1,50 m aufweisen. Aufgrund ihrer niedrigen Höhe ist es für den unerfahrenen Betrachter jedoch schwierig, sie zu erkennen.

Bis zur Besiedlung 1769 war der Höhenzug aber eine unbewohnte Heidefläche. Pfälzer aus dem Raum Simmern, Bingen und Bad Kreuznach, die ursprünglich nach Pennsylvania in Nordamerika auswandern wollten, aber nicht das Geld für die Überfahrt besaßen, wurden in der Bönninghardt angesiedelt. Die völlig mittellosen Kolonisten fanden in der trockenen, unfruchtbaren Heidelandschaft naturgemäß kaum Arbeitsmöglichkeiten.

Die Neusiedler lebten in bitterer Armut. Sie wohnten zu Beginn in Erdlöchern, später in Hütten, die überwiegend aus aufgestapelten Grassoden oder aus getrockneten Torfplaggen errichtet wurden – den Plaggenhütten. Erst mit verbesserten Agrartechniken wurden die Voraussetzungen für eine landwirtschaftliche Nutzung des Höhenzugs entwickelt, was durch ertragreiche Ernten die Besiedlung und Urbanisierung des Gebiets ermöglichte.

Die unwirtliche, schlicht als Heide bezeichnete Bönninghardt bot im 19. Jahrhundert Kleinkriminellen einen Rückzugsraum, die aus dem linken Niederrhein zeitweise eine Art Wilder Westen machten. Berühmt wurde der Räuber Wilhelm Brinkhoff, 1839 in Alpen geboren und nach 1860 vermutlich in Nordamerika gestorben, der in den Jahren 1855 bis 1860 Taten verübte und sich dem Gesetz entzog, was zum beherrschenden Gesprächsthema in der Region wurde und in Erzählungen noch lange nachwirkte.

Der Ortsname Alpen hat nichts mit dem großen mitteleuropäischen Gebirge zu tun. Auch nicht, obwohl die Gemeinde Alpen am Fuße des kleinen Höhenzugs Bönninghardt liegt. Wahrscheinlich leitet sich der Ortsname von einem lokalen Adelsgeschlecht, den Herren von Alpen ab, das bis Anfang des 14. Jahrhunderts die Herrschaft über den kleinen Ort am Niederrhein ausübte.

Orte

Gemeinde Alpen mit dem Ortsteil Bönninghardt

Die Gemeinde Alpen liegt in der niederrheinischen Tiefebene, zwischen Xanten, zehn Kilometer und Rheinberg sieben Kilometer, sowie elf Kilometer südwestlich der Kreisstadt Wesel. Die denkmalgeschützte evangelische Kirche in Alpen ist die älteste reformierte Pfarrkirche Deutschlands.

Gemeinde Issum

Issum liegt linksrheinisch im niederrheinischen Tiefland. Durch das Gemeindegebiet fließt die Issumer Fleuth. Die Nenneper Fleuth mündet in Issum in die Issumer Fleuth.

Gemeinde Sonsbeck

Die Gemeinde Sonsbeck liegt am unteren Niederrhein an der Westgrenze des Kreises Wesel zum Kreis Kleve, acht Kilometer südwestlich von Xanten, elf Kilometer nordöstlich von Geldern und siebzehn Kilometer südwestlich der Kreisstadt Wesel. Siehe auch bei Sonsbecker Schweiz.

_____

Wandern in der Bönninghardt

Auf Waldwegen durch die Bönninghardt

Ausgangspunkt: Van-Laer-Straße 12, 46519 Alpen.
GPS-Daten: 51.578656175822715, 6.463460111251597.
Typ: Rundweg
Länge: 7.7 Kilometer
Schwierigkeit: leicht
Beschilderung: Weißes A1 auf schwarzem Grund, nur in eine Richtung.
Wegbeschaffenheit: Waldwege und Asphalt.
Bemerkenswertes: Waldspielplatz, Bönninghardt, Judenfichte.

Vom Parkplatz geht es zur Straße und nach links. Neben Hausnummer 16 weiter geradeaus. Hinter Hausnummer 23 dann links abbiegen. Am folgenden T-Stück abermals abbiegen. Der Asphalt endet und auf dem Treckerweg geht es an den Waldrand. Dort angekommen, rechts abbiegen. Auf dem teils sehr matschigen Waldweg geht es trotz einiger Abbiegemöglichkeiten lange geradeaus. An Stallgebäuden vorbei erreicht man schließlich das *Wohnhaus Nummer 154* und wendet sich nach links. Man erreicht die *Bönnighardter Straße*. Abermals nach links wandern. Dort, wo die Straße leicht nach links schwenkt, überquert man sie nach rechts und wandert in den *Ascheweg*. Die herrliche Waldwegeallee führt durch die Bönninghardt bis an die A57, wo der Weg nach links knickt. Erst vor einem Feld geht es abermals nach links. Hinter der Scheune mache ich einen Abstecher zur unscheinbaren Judenfichte. Der Wanderweg führt aber weiter geradeaus. An der nächsten Möglichkeit nach rechts wandern und dem breiten Weg bis zum Waldrand neben weiteren Scheunengebäuden folgen. Hier links abbiegen. Hinter der Koppel nach rechts wenden und nun, wieder auf Asphalt, gleich wieder links herum. So erreicht man ein weiteres Mal die *Bönninghardter Straße*. Entlang dieser geht es nach rechts. Am Kinderspielplatz links abbiegen und zurück zum Parkplatz wandern.

Textquelle: Jürgen Weiß, www.wanderwegewelt.de

Gewässer

Der Freizeitsee Menzelen

Der Freizeitsee Menzelen im Ortsteil Alpen-Menzelen ist ein durch Auskiesung entstandener See. Das Gewässer lockt nicht nur mit seinem öffentlichen Strandbad, sondern auch mit idealen Bedingungen für Schwimmer, Taucher, Surfer und Angler. Ein 3,3 Kilometer langer Wanderweg führt um den See. Hundeliebhaber können hier ihren vierbeinigen Liebling angeleint mit an den Strand nehmen.

Adresse: Gester Straße 35, 46519 Alpen.

Museum

Das Haus der Veener Geschichte

Das Museum zeigt zahlreiche Objekte zum bäuerlichen Alltag und Handwerk in der Zeit von 1880 bis 1950.

Adresse: Kirchstraße 16, 46519 Alpen-Veen, https://hausderveenergeschichte.de

Für die Kleinen

Der Waldspielplatz in Alpen-Bönninghardt und der Spielplatz auf der Steuobstwiese.

Der Waldspielplatz in Alpen-Bönninghardt ist ein sehr schöner, großer im Wald gelegener Spielplatz, geschützt unter Bäumen mit vielen Geräten. Sitzgelegenheiten sind vorhanden. Es sind verschiedene Arrangements möglich (Grill ausleihen, Zeltwochenende u. a.). Im Sommer stehen Kiosk und Toiletten zur Verfügung.

Adresse: Bönninghardter Straße 116, 46519 Alpen, https://waldspielplatz-boenninghardt.de

Der Spielplatz mit der großen Burg Alpen ist in einen Lehrpfad in der Streuobst-wiese integriert.

Adresse: Von-Galen-Straße 26, 46519 Alpen.

Tipp

Die Plaggenhütten

Die Behausungen der ersten Siedler auf der Bönninghardt waren Erdlöcher und Plaggenhütten, eine Konstruktion aus Holzstämmen und aufgestapelten Grasplag-gen. Ein Stück weiter hinter der Kirche in Bönninghardt kann eine rekonstruierte Plaggenhütte mit kleinem Garten besichtigt werden.

Adresse: Bönninghardter Str. 149, 46519 Alpen.

Rekonstruktion einer Plaggen-hütte in der Bönninghardt.

Einkehr

Baerlaghof, 47661 Issum, Hochwald 38, Tel.: 02835 3307, https://baerlaghof.de

Gaststätte Zum Dahlacker, 46519 Alpen, Dahlackerweg 30, Tel.: 02802 2547, https://dahlacker.de, info@dahlacker.de

Gaststätte Thiesen, 46519 Alpen, Winnenthaler Straße. 1, Tel.: 02802 4684, https://gaststaette-thiesen-alpen.eatbu.com

Hotel Bönninghardt, 46519 Alpen, Bönninghardter Straße 159, Tel.: 02802 2420

Camping

Reisemobilstellplatz An der Motte, Burgstraße 66, 46519 Alpen, Tel.: 0160 4340360.

8

Die Leucht

(Er-) LEUCHT (ung)

Zwischen Alpen und Kamp-Lintfort liegt das Naturschutzgebiet *Die Leucht*, mit 12.000 Hektar eines der größten zusammenhängenden Waldgebiete am Niederrhein. Das Areal ist der südliche Teil des Höhenrückens der Bönninghardt und damit eiszeitlicher Entstehung. Der Wald liegt fast vollständig auf dem Stadtgebiet von Kamp-Lintfort.

Das von Eichen- und Buchenwäldern geprägte Gebiet beherbergt drei Naturschutzgebiete: Das Saure Venn, ein kleines Torfmoor am sogenannten Leichenweg, der Birkenbruch am Issumer Weg östlich der Xantener Straße oder der Erlenbruchwald am Rande der Leucht, am Rennweg gelegen. Die Leucht ist hauptsächlich von Eichen- und Buchenwäldern geprägt. Farne verschiedener Arten glitzern im Sonnenlicht.

Orte

Gemeinde Alpen

Siehe oben bei Bönninghardt.

Kamp-Lintfort

Kamp-Lintfort liegt in der niederrheinischen Tiefebene, sechs Kilometer südwestlich von Rheinberg und acht Kilometer nordwestlich von Moers.

Adresse für Navigation

Parkplatz Leucht, 47475 Kamp-Lintfort, Xantener Straße Ecke Stappweg.
GPS-Daten: 51.53803032051823, 6.506899643529675.
und
Parkplatz 46519 Alpen, Im Dahlacker, Ecke Dahlackerweg.
GPS-Daten: 51.571522031552796, 6.512886776563457.

Öffentlicher Nahverkehr

Parkplatz 46519 Alpen, Im Dahlacker, Ecke Dahlackerweg. Die Regionalbahn RB 31 *Der Niederrheiner* verkehrt stündlich zwischen den Bahnhöfen Xanten, Alpen, Rheinberg, Moers und Duisburg-Hauptbahnhof. Ausstieg Bahnhof Alpen.

Fußweg etwa 1,5 Kilometer oder weiter mit dem Bus, Ausstieg Adenauerplatz, Fußweg etwa 600 Meter.

Wandern in der Leucht

Die Leucht ist ein ideales Wandergebiet. Zahlreiche Wanderwege durchziehen das hügelige Waldgebiet. Auch der NiederrheinWeg führt durch die Leucht. Der knapp 130 Kilometer lange Weg verbindet die Rathäuser der sieben Gemeinden und Städte Moers, Neukirchen-Vluyn, Rheurdt,Kamp-Lintfort, Issum, Alpen und Rheinberg.

Von Alpen in die Leucht

Ausgangspunkt: Xantener Straße Ecke Stappweg, 47475 Kamp-Lintfort (östlicher Parkplatz – von Kamp-Lintfort kommend rechts / von Alpen kommend links).
GPS-Daten: 51.5381945501622, 6.507881984231776.
Typ: Rundweg
Länge: 6,8 Kilometer
Schwierigkeit: leicht
Beschilderung: weißes A6 auf schwarzem Grund, nur in eine Richtung.
Wegbeschaffenheit: meist Waldwege, etwas Asphalt sowie Split.
Bemerkenswertes: Naturwald zu Beginn.

Vom Parkplatz aus geht es weiter in den Wald hinein. Erst auf breitem asphaltierten Weg, dann auf befestigtem Weg am Ponyhof vorbei. Der Weg wird kurz lichter, um sich dann als schmaler Pfad durch den Naturwald zu schlängeln. Dies ist der schönste Abschnitt der Wanderung. Der Charakter des Wanderweges ändert sich zunehmend. Und als Hohlweg geht er langsam bergab. Der Wanderweg biegt am Marien-Gedenkstein links ab. Dem breiten Weg folgt man nun immer geradeaus. Unter der A57 geht es weiter so lange geradeaus, bis der Weg endet. Dann geht es am Forsthaus links ab. Danach wieder links abbiegen. Nun über die A57, immer geradeaus. Zwischen zwei mächtigen Buchen hindurch weiter geradeaus bis zur Kreuzung, die man vom Start schon kennt. Dann rechts zum Parkplatz.

Textquelle: Jürgen Weiß, www.wanderwegewelt.de

Drei weitere Rundwege in der Leucht sind durch farbige Pfosten gekennzeichnet. Alle starten vom Parkplatz 46519 Alpen, Im Dahlacker, Ecke Dahlackerweg. Hier werden die drei Routen durch jeweils grüne (9,5 Kilometer), rote (6 Kilometer) und blaue (4,6 Kilometer) Markierung an Holzbalken markiert.

Gewässer

Der Rossenrayer See und der Pappelsee

Ein Spaziergang, eine Fahrradtour oder einfach um die Natur zu genießen:
Der Rossenrayer See bietet zahlreiche Möglichkeiten für Freizeitaktivitäten.

Adresse: Nimmendohrstraße, 47475 Kamp Lintfort.

Der Pappelsee mit seinen umgebenden Park- und Grünflächen liegt Mitten
in Kamp-Lintfort.

Adresse: Bertastraße, 47475 Kamp-Lintfort.

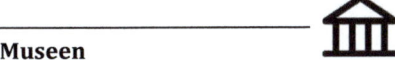

Museen

Die Schatzkammer (Museum Kloster Kamp) und das Museum Haus des Bergmanns.

Die Schatzkammer (Museum Kloster Kamp) dokumentiert die jahrhundertealte
Geschichte der Abtei Kamp.

Adresse: Abteiplatz 13, 47475 Kamp-Lintfort, https://kloster-kamp.eu

Eine Führung durch das Museumshaus gibt lebendige Eindrücke in das Leben und
die Wohnverhältnisse einer Bergarbeiterfamilie in den 1920er/1930er Jahren.

Adresse: Ebertstraße 88, 47475 Kamp-Lintfort, https://bergmannstradition.de

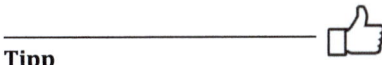

Tipp

Die ehemalige Turmhügelburg (Motte) Alpen

Auf dem am östlichen Ortseingang von Alpen aufgeschütteten Erdhügel (Motte)
stand die Niederungsburg der Herren von Alpen, im Volksmund Kasteel genannt.

Für die Kleinen

Der Spielplatz Volkenrodastraße und der Kinderspielplatz Pappelsee

Adresse: Spielplatz Volkenrodastraße, Hardehausen-Straße 3, 47475 Kamp-Lintfort.

Adresse: Kinderspielplatz Pappelsee, Pappelsee-Park, Bertastraße, 47475 Kamp-Lintfort.

Einkehr

Baerlaghof, 47661 Issum, Hochwald 38, Tel.: 02835 3307, https://baerlaghof.de

Gaststätte Zum Dahlacker, Dahlackerweg 30, 46519 Alpen, Tel.: 02802 2547, https://dahlacker.de

Camping

Campingpark Eldorado, Altfelder Straße 319, 47475 Kamp-Lintfort, Tel.: 02842 4533, https://camping-eldorado.de

Freizeitpark Altfeld, Altfelder Straße 305, 47475 Kamp-Lintfort, Tel.: 02842 47904, https://altfeld.freizeit-oasen.de

Campingplatz Op et Husen, Erich Bongers, Husenweg 150, 46509 Xanten, Tel.: 02804 1431, https://camping.info/de/campingplatz/camping-op-et-husen

 9

Der Xantener Stauchwallbogen

Die gebogene Gletscherzunge

Eine Gletscherzunge, die als Xantener Lobus bezeichnet wird, drang während der Saale-Kaltzeit bis in das Stadtgebiet vor. Das Gletschereis stauchte dabei den sandig-kiesigen Untergrund zu einer Hügelkette auf, die als Xantener Stauchwallbogen oder Xantener Stauchendwall bezeichnet wird. Die Hügelkette bildet den zentralen Abschnitt des Niederrheinischen Höhenzuges. Die Erhebungen des rund 15 Kilometer langen Hügelbogens verlaufen von der Hees mit dem Fürstenberg bei Xanten über die Sonsbecker Schweiz und den Tüschenwald bis zum Uedemer Hochwald bei Marienbaum.
Mit 87 Metern Höhe ist der Dürsberg in der Sonsbecker Schweiz die höchste Erhebung des Xantener Stauchwallbogens.

Xanten

Xanten, die die einzige mit einem X beginnende Stadt Deutschlands, besitzt gleich drei Beinamen: Römer-, Dom- und Siegfriedstadt. Sie ging aus einer römischen Garnison hervor und ist im Nibelungenlied als Heimat Siegfrieds erwähnt. Ihre Anfänge liegen in der Errichtung von Vetera und der Colonia Ulpia Traiana im Römischen Reich und setzen sich fort mit der Gründung des Stifts St. Viktor im 8. Jahrhundert, dem Xantener Dom, der als größter Dom zwischen »Köln und dem Meer« gilt.

Birten

Birten ist der südöstliche Ortsteil Xantens. Am nördlichen Ortsende befindet sich nahe der Römerstraße das römische Amphitheater. Oberbirten liegt am Fuße des Fürstenbergs inmitten von Laub- und Nadelwäldern. In Unterbirten befindet sich das Haus oder die Burg Winnenthal. Die Anlage gehört zu den ältesten erhaltenen Wasseranlagen am Niederrhein. Das Haus wird heute als Seniorenresidenz genutzt.

Uedem

Die Gemeinde Uedem mit ihren Ortsteilen Keppeln, Uedem, Uedemerbruch und Uedemerfeld und ihren rund 8.000 Einwohnern liegt am Rande einer bewaldeten Hügelkette mitten im Kreis Kleve. Auf dem 1,5 Kilometer langen historischen Rundweg geleiten den Besucher 16 Infostelen entlang der Uedemer Wälle. Sie informieren über die bewegte Geschichte, Sehenswürdigkeiten, Landwirtschaft, Mühlen, Gerbereien und die Schuhherstellung der ehemals klevischen Stadt. Startpunkt ist der Markt in Uedem zwischen der katholischen und der evangelischen Kirche.

Die Hees mit dem Fürstenberg

Immer auf dem Weg bleiben

Die Hees (= niederdeutsch Buschwald, Gestrüpp) ist eine bewaldete Hügelkette auf einer kaltzeitlichen Endmoräne südwestlich von Xanten, die bis zur Sonsbecker Schweiz verläuft. Die höchste Erhebung ist der rund 75 Meter hohe Wolfsberg. Das Landschaftsschutzgebiet ist gekennzeichnet durch eine abwechslungsreiche Kulturlandschaft mit Hohlwegen, Niederwaldresten, Altbäumen, Wegkreuzen, Bildstöcken, Wallstrukturen und Bauerngärten.
In dem Gebiet existierte seit 1940 ein Munitionslager. Im November 1942 gab es eine schwere Explosion mit 42 Toten. Die Reste der über hundert gesprengten

Munitionsbunker findet man heute noch im Wald hinter der Gedenkstätte. Deshalb dürfen die Wege auf keinen Fall verlassen werden. Der 71,6 Meter hohe Fürstenberg ist ein Hügel zwei Kilometer südöstlich des Zentrums von Xanten, der auch dem ehemals dort befindlichen Kloster Fürstenberg, von dem bis heute nur die 1671/72 errichtete Kreuzkapelle erhalten blieb, seinen Namen gab. Anno 13/12 v. Chr. befand sich am Südhang des Fürstenbergs das römische Legionslager Vetera.

Adresse für Navigation

Kurfürstenstraße 9, 46509 Xanten (Tourist Information Xanten).
GPS-Daten: 51.66162317120521, 6.452530647176515.

Öffentlicher Nahverkehr

Vom Bahnhof Xanten drei Minuten Gehstrecke über die Bahnhofstraße zur Kurfürstenstraße 9.

Wandern in der Hees

Rundweg mit viel Aussicht

Ausgangspunkt: Kurfürstenstraße 9, 46509 Xanten (Tourist Information Xanten).
GPS-Daten: 51.66162317120521, 6.452530647176515.
Typ: Rundweg
Länge: 12,4 Kilometer
Schwierigkeit: mittel, mit leichten Steigungen.
Beschilderung: Die Wegmarkierung beginnt erst im Wald.
Wegbeschaffenheit: Waldwege, befestigte Wanderwege und Asphalt.
Bemerkenswertes: Amphitheater/Freilichtbühne Birten, Jüdischer Friedhof, Weitsicht am Fürstenberg.

Die Tour beginnt an der Tourist Information, Kurfürstenstraße 9, in Xanten. Rechts am Marktplatz entlang geht es in die Marsstraße und Viktorstraße und immer geradeaus bis zum Kreisverkehr am Penny Markt. Hier wandern wir rechts in den Holzweg und folgen diesem, bis es links in den Kiebitzweg geht. (ja, wir waren tatsächlich auf dem Holzweg!). Nun überqueren wir den Augustusring und gelangen so in ein Wohngebiet/Heeser Weg. Auf dem geht es etwas bergan zum Jüdischen Friedhof. Von dort aus wieder zurück zum Heeser Weg und rechts weiter bergan. Jetzt wandern wir an einem Feld vorbei, an dessen Ende es rechts zum Krankenhaus geht. Am Wanderparkplatz am Krankenhaus steht eine Tafel, und ab hier ist der Wanderweg

A3 durch die Hees, über Birten und den aussichtsreichen Fürstenberg markiert. An der Kreuzkapelle am Fürstenberg angekommen, verlassen wir den Wanderweg A3 und gehen links bergab und dann immer geradeaus zurück in die Stadt. Hierbei überqueren wir wieder den Augustusring, geradeaus in die Viktorstraße, Marsstraße und kommem so zum Marktplatz und der Tourist Information zurück.

Weitere Wanderwege in der Hees sind, wie oben bereits erwähnt, der Weg A3 (9,2 Kilometer), Start ist der Wanderparkplatz Veener Weg 44 in Xanten, der Wanderweg A4 (5,7 Kilometer) mit dem Startplatz Philosophenweg 2 in Xanten und der Wanderweg A5 (3 Kilometer), Startplatz ist hier der Wanderparkplatz am Krankenhaus in Xanten.

Aussicht

Von den Wanderwegen in der Hees ergeben sich sehr schöne Aussichten auf Xanten und auf die katholische Pfarr- und ehemalige Stiftskirche St. Viktor, die, wegen ihrer Bedeutung und Größe, landläufig als Xantener Dom bezeichnet wird.

Die Bislicher Insel

Zwischen Ginderich und Xanten liegt in einer Altrheinschlinge der große Landschaftsraum Bislicher Insel. Auf einer Fläche von 1.200 Hektar formen grüne Weiden, blühende Obstbäume, Tümpel und wilde Auenwälder eine der wenigen noch vorhandenen Auenlandschaften in Deutschland. Sie dient als Auffangbecken und somit als natürliche Überflutungsfläche des Rheins.

Adresse: NaturForum Bislicher Insel, RVR-Besucherzentrum, Bislicher Insel 11, 46509 Xanten, 2801 988–230, naturforumbislicherinsel@rvr.ruh

Museen

Das SiegfriedMuseum Xanten und das Schuster- und Lederwarenmuseum Uedem.

Die Stadt Xanten ist eng mit der Sage der Nibelungen verbunden. Das Siegfried Museum in der historischen Altstadt Xantens zeigt viele Facetten des Nibelungenmythos. Der Besuch ist ein Streifzug durch die Geschichte, von der Völkerwanderung bis in die Gegenwart.

Adresse: Kurfürstenstraße 9, 6509 Xanten, Tel.: 02801 772200, https://xanten.de/de/tix/siegfriedmuseum-xanten

Im Osten von Uedem befindet sich die im 13. Jahrhundert erbaute Hohe Mühle, die während der Öffnungszeiten besichtigt werden kann. Sie ist eine der ältesten aus Stein gebauten Windmühlen am Niederrhein. Darinnen befinden sich ein Restaurant und das Schuster- und Lederwarenmuseum, welches die traditionelle Uedemer Schuhfabrikation thematisiert.

Adresse: 47589 Uedem, Mühlenstraße 101, Tel.: 02825 6810.

Tipp

Der Xantener Dom und das Amphitheater Birten

Mit seiner mächtigen Silhouette erhebt sich der Dom St. Victor über das Stadtbild von Xanten. Die im gotischen Stil erbaute Kirche gilt als »der größte Dom zwischen Köln und dem Meer« und ist ein großer Anziehungspunkt der Siegfriedstadt.

Adresse: Kapitel 8, 46509 Xanten, Tel.: 02801 7131–0, https://sankt-viktor-xanten.de/wallfahrer-gaeste/st-viktor-dom

Die stationierten römischen Soldaten mussten unterhalten werden. Dazu diente unter anderem das Amphitheater in Birten. Es war in einer Holz-Erde-Bauweise errichtet worden und bot etwa 6.000 Besuchern Platz. Es ist das einzige römische Bauwerk, das noch heute in einer vergleichbaren Form zu besichtigen ist.
Alle weiteren Überreste und Spuren des römischen Militärlagers Vetera am Fürstenberg verbergen sich etwa ein bis zwei Meter tief unter der Erde.

Adresse: Amphitheater Birten, Römerstraße 2, 46509 Xanten, https://xanten.de/de/dienstleistungen/amphitheater

Für die Kleinen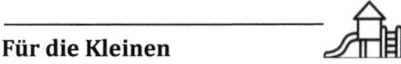

Der Abenteuerspielplatz im Archäologischen Park

Im Archäologischen Park in Xanten (siehe auch unten) laden ein großer Abenteuerspielplatz, ein Wasserspielplatz und ein riesiges Hüpfkissen die kleinen Gäste ein. Auch die Wiesen des Archäologischen Parks bieten eine Menge Platz zum Herumtollen und Spielen.

Adresse: Am Rheintor, 46509 Xanten.

In der Nähe

LVR-Archäologischer Park Xanten und das Naturschutzgebiet Grenzdyck

Im Archäologischen Park Xanten, dem größten archäologischen Freilichtmuseum Deutschlands, kann man herausfinden, wie es sich in einer römischen Provinzstadt lebte.

Adresse: Am Rheintor, 46509 Xanten, 02801 7120, https://apx.lvr.de, apx@lvr.de

Im direkten Anschluss an das Waldstück Hees liegt das Naturschutzgebiet Grenzdyck. Das Gebiet bietet vielen gefährdeten Tier- und Pflanzenarten einen Lebensraum.

Adresse: Grenzdycker Straße, 47665 Sonsbeck.

Einkehr

Restaurant Zur Rheinfähre, Bislicher Insel 1, 46509 Xanten, Tel.: 02801 1334, https://rheinfaehre-xanten.de

Ristorante Teatro, Markt 15, 46509 Xanten, Tel.: 02801 985088,
https://teatro-xanten.info

Bürgerhaus Uedem, Agathawall 11, 47589 Uedem, Tel.: 02825 1667,
https://buergerhausuedem.de

Camping

Waldcamping Speetenkath, Urseler Straße 18a, 46509 Xanten, Tel.: 02801 1769,
https://waldcamping-speetenkath.de

Campingplatz Op et Husen, Erich Bongers, Husenweg 150, 46509 Xanten,
Tel.: 02804 1431.

(11) Die Sonsberger Schweiz mit dem Dürsberg, dem Balberger oder Labbecker Höhenrücken, mit dem Tüschenwald im Südwesten und dem Uedemer Hochwald

Schweizereien

Die Schweiz ist mit ihrer topografisch bewegten Landschaft ein schönes Land.
Das dachten sich rund um den Erdball so manche findige Zeitgenossen und nennen seit der Zeit der Romantik Landschaften, die bergisch oder zumindest hügelig sind: Schweiz. Etwa 200 Mal auf der Welt, sogar in Haiti, Kamerun, Grönland
und Usbekistan. Und – am Niederrhein. So auch in Hinsbeck und Sonsbeck.

Mit einem Augenzwinkern: Hinweisschild zur Schweiz vor dem Sonsbecker Rathaus.

Die Sonsbecker Schweiz ist ein Abschnitt des Niederrheinischen Höhenzuges, dessen höchster Punkt bei 87,20 Metern über NN liegt. Die Auflockerung des Land-
schaftsbildes mit grünen Wiesen und fruchtbaren Feldern in der Niederung und den
teilweise waldreichen Höhen, die vielen Ausflüglern Erholung bieten, verleiht dieser
Region das reizvolle Gepräge.

Ort

Sonsbeck

Die Gemeinde Sonsbeck mit ihren 8.600 Einwohnern und den Ortschaften Sonsbeck, Hamb und Labbeck gehört zum Kreis Wesel. Der Süden der Gemeinde wird durch die Niersniederung und die Ausläufer der Bönninghardt geprägt. Im Norden erhebt sich die sogenannte Sonsbecker Schweiz. Teile der Naturschutzgebiete Grenzdyck und Uedemer Hochwald liegen im Gemeindegebiet.

Adresse für Navigation

Balberger Straße, Ecke In der Huf, Auf dem Neutorplatz , 47665 Sonsbeck. GPS-Daten: 51.61161601951815, 6.37501469262497.

Öffentlicher Nahverkehr

Mit der NIAG-Buslinie 36 erreicht man von den Bahnhöfen Geldern und Xanten aus die Gemeinde Sonsbeck.

Wandern in der Sonsbecker Schweiz

Sonsbecker Schweiz und Tüschenwald

Ausgangspunkt: Balberger Straße, Ecke In der Huf, Auf dem Neutorplatz, 47665 Sonsbeck.
GPS-Daten: 51.61161601951815, 6.37501469262497.
Typ: Rundweg
Länge: 13,7 Kilometer
Schwierigkeit: mittel, es gibt anstrengende An- und Abstiege.
Beschilderung: keine
Wegbeschaffenheit: Asphalt, Schotter und Waldwege.
Bemerkenswertes: Römerturm, St. Geribernus-Kapelle, Geologischer Wanderweg, Aussichtsturm.

Zu Beginn geht es über die *Balberger Straße* in die Straße *In der Huf.* Dieser folgen bis zum Römerturm. Hier teilt sich die Straße. Es geht rechts auf dem *Bögelscher Weg* entlang des geologischen Wanderwegs immer leicht bergauf.

Nachdem wir die Möglichkeit hatten, rechts zum Aussichtsturm Dürsberg (»Sonsbecker Nordwand« genannt) zu gelangen, erreichen wir ein Wäldchen. Hinter diesem geht es links und bergab zum *Dassendaler Weg*. Rechts ab und hinunter zum Trafoturm. Hier links auf den *Kervenheimer Weg*. Diesem so lange folgen, bis der Wald von rechts an den Weg stößt. Nun rechts ein paar Stufen hinauf und dem Pfad in den Wald folgen. Am T-Stück im Wald rechts abbiegen. Die Nächste links. Nun dem Weg bis zu einem Parkplatz folgen. Auf dem Parkplatz nach rechts schwenken und für niederrheinische Gegebenheiten sehr steil bergab steigen. Der Weg schlängelt sich durch den Wald. Dem Weg folgen, bis es nach zwei Stauteichen links hinunter zum Damm geht. Den Teich passieren und danach den zweiten, hinteren Weg nach links bergauf wählen.

Der Weg biegt nach rechts. Mögliche Abzweige ignorierend bis zum Ende einer links liegenden Waldwiese weitergehen. Hier links abbiegen und bis zur Straße weiter. Auf der anderen Straßenseite führt ein sehr unscheinbarer Pfad wieder in den Wald. Bergab geht es bis zu einer weiteren Waldwiese. Vor dem Ansitz an dieser Wiese geht es rechts weiter auf einem weiteren sehr unscheinbaren Wiesenpfad. Der Pfad wird breiter und zu einem Weg. An der großen Waldwegekreuzung geht es nach links. Wir wandern durch eine Senke, um dann eine zweite zu erreichen. Am tiefsten Punkt dieser Senke führt der kreuzende Weg nach rechts. Nachdem wir den Wald verlassen haben, geht es geradeaus weiter bis zur Straße. Hier links und immer geradeaus. Man passiert einen Fahrtrainingsplatz des ADAC und den Pauenhof. Dieser beherbergt ein Traktorenmuseum, Restaurant und Kinderspielplatz. Der Weg führt weiter zur Kreuzung mit der *Balberger Straße*. Diese überqueren und bis zum T-Stück. Hier links, bis es rechts in den *Kuckucksweg* geht. Am kanalisierten Bach links abbiegen und diesem bis zur Straße folgen. Die Straße kreuzen und weiter geradeaus. Der Weg macht einen Schlenker und mündet in die *Parkstraße*. Der Straße nach links bis zur Hauptstraße folgen. Nun noch rechts ab und zurück zum Parkplatz.

Textquelle: Jürgen Weiß, www.wanderwegewelt.de

Der oben erwähnte geologische Wanderweg kann auch separat erwandert werden. Startpunkt ist der Römerturm, Dassendaler Weg 13 in Sonsbeck. Er verläuft über den Boegelschen Weg und endet am Aussichtsturm auf dem Dürsberg. Auf einer Länge von 1,2 Kilometern wird an sechs Stationen die erdgeschichtliche Entwicklung der Niederrheinischen Bucht erklärt. An den GeoWanderweg schließt sich der Findlingsweg mit 11 Stationen an, der einen Rückblick auf die vorletzte Eiszeit bietet.

Aussicht

Der 87 Meter über dem Meeresspiegel liegende Dürsberg in der Sonsbecker Schweiz ist die höchste Erhebung des Xantener Stauchwallbogens. Vom Bögelschen Weg führt ein kleiner Feldweg zum Aussichtsturm Dürsberg, der aus einem Wäldchen herausragend schon von weitem zu sehen ist. Von seiner obersten Plattform, hundert Meter über Normal Null, hat man einen herrlichen Panoramablick über weite

Teile des unteren Niederrheins und bei gutem Wetter sogar bis ins Ruhrgebiet.

Adresse: Bögelscher Weg, 47665 Sonsbeck.

Wem die Turmbesteigung zu anstrengend ist oder wen die Höhenangst plagt, der muss aber keinesfalls auf schöne Aussichten verzichten. Er kann sein Auto auf einem hoch gelegenen Parkplatz an der von Sonsbeck nach Xanten verlaufenden Landstraße 480 abstellen und dann einige Schritte auf dem Wege *Op den Hövel* zurücklegen. Von dort aus hat er unter anderem eine Fernsicht bis zum Hülser Berg in Krefeld und einen herrlichen Blick auf die Siegfriedstadt Xanten.

Adresse: Op den Hövel , 47665 Sonsbeck.

Blick auf Sonsbeck am Fuße der Sonsbecker Schweiz.

Gewässer

Der Rayersee

Der Rayersse ist ein kleiner See in Geldern mit einem schönen Rundweg.

Adresse: Königsberger Straße, 47608 Geldern.

Museen

Das Keramikmuseum Tietz und die Gommansche Mühle

Der Schwerpunkt der Privatsammlung liegt auf niederrheinischer Keramik. Aber auch Bilder und Bronzeskulpturen heimischer Künstler gehören dazu.

Adresse: Keramikmuseum Tietz, Ingrid Tietz, Kastellstraße 3, 02838 910120, https://keramikmuseum-sonsbeck.de

An die frühere Bedeutung Sonsbecks als Töpferort erinnert heute eine Ausstellung im Obergeschoss der im Ortszentrum gelegenen Gomannschen Mühle, die seit 1992 als kulturelle Begegnungsstätte genutzt wird. Hier finden Lesungen, Trauungen, Weinproben und Konzerte statt. Auch historische Fotos und Artefakte der Gemeinde Sonsbeck.

Adresse: Auf der Mauer, 47665 Sonsbeck. Postanschrift: Verein für Denkmalpflege e. V., Heinz-Peter Kamps, Pauenstraße 45, 47665 Sonsbeck, 02838 1500, heinz-peter.kamps@freenet.de, https://denkmal-sonsbeck.de

Tipp

Paddeln auf der Niers

Ob Paddeltouren mit dem Kanu, einem Kajak oder einem großen Schlauchboot, eine Fahrt auf der Niers bietet die Möglichkeit, die niederrheinische Landschaft einmal aus einer anderen Perspektive zu erleben.

Adresse: Niederrhein-Kanu, Sonsbeck, Blarehof 23, Tel.: 02838 779060, www.niederrhein-kanu.de

Für die Kleinen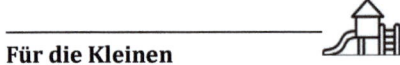

Der Spielplatz auf der Freizeitanlage Pauenhof und der Spielplatz an der Parkstraße

Auf der großzügigen Hofanlage findet sich ein Kinderspielplatz. Hier stehen auch zwei Traktoren und ein Bagger, die zur Freude des Nachwuchses bestiegen werden dürfen.

Adresse: unten beim Pauenhof.

Der Spielplatz an der Parkstraße bietet eine Spielburg, Rutsche am (Rodel-)Hang, Wippen und Klettermöglichkeiten, eine Halfpipe und Sportanlagen.

Adresse: Parkstraße 19, Ecke Vollmühle, 47665 Sonsbeck.

In der Nähe

Traktor selber fahren – die Freizeitanlage Pauenhof

Im größten Traktorenmuseum Deutschlands werden in insgesamt zehn Hallen mit einer Ausstellungsfläche von etwa 5000 Quadratmetern über 360 Traktoren gezeigt. Es gibt Schlepper aus dem In- und Ausland zu sehen, die sowohl von bekannten Herstellern als auch von fast unbekannten Firmen stammen. Außerdem sind Maschinen, die früher das Arbeiten auf dem Feld und Hof erleichtert haben, zu sehen.
Und wer einmal eine Pause von so viel Technik braucht, der kann sich bei einer Fahrt mit einem alten Traktor durch den vier Hektar großen Park entspannen.

Adresse: Freizeitanlage Pauenhof, Norbert Stapper, Balberger Straße 72, 47665 Sonsbeck, Tel.: 02838 2271, http://traktorenmuseum-pauenhof.de

Einkehr

Gaststätte Zur Linde, Herrenstraße 76, 47665 Sonsbeck, Tel. 02838 2520, http://zur-linde-sonsbeck.de

Waldrestaurant Höfer, Graf-Haeseler-Weg 7, 47665 Sonsbeck, Tel.: 02838 2442, https://waldrestaurant.de

Landgut am Hochwald, Marienbaumer Straße 152, 47665 Sonsbeck, Tel.: 02801 9826870, https://landgut-am-hochwald.de

Camping

Campingpark Kerstgenshof, Marienbaumer Straße 158, 47665 Sonsbeck, Tel.: 02801 4308, https://kerstgenshof.de

Der *Tüschenwald* ist ein Waldgebiet zwischen Balberg und Labbeck auf dem Gemeindegebiet von Sonsbeck. Nordwestlich grenzt der Tüschenwald an die Sonsbecker Schweiz. Der Uedemer Hochwald liegt in der gleichnamigen Gemeinde auf dem nördlichen Gelände des Balberger Höhenrückens zwischen Uedem und Xanten. Mit dieser Bezeichnung wird in der Regel der westliche Abschnitt des Xantener

Stauchwallbogens versehen. Ein Teil des Niedergermanischen Limes verlief durch den Uedemer Hochwald. Der Tüschenwald und der Uedemer Hochwald sind lediglich durch kleinere landwirtschaftlich genutzte Flächen voneinander getrennt. In erster Linie bestimmen Buchen- und Eichenwälder verschiedenen Alters und unterschiedlicher Ausprägung das Bild beider Waldgebiete.

Orte

Labbeck

Hügel, Wälder, Äcker, Felder, Wiesen, vereinzelte Bauernhöfe und Ein- und Zweifamilienhäuser formen das Orts- und Landschaftsbild des 1300-Einwohner-Dorfes Labbeck.

Sonsbeck und Uedem, siehe oben

Adresse für Navigation

Siehe nachfolgend bei: Wandern im Tüschenwald und im Uedemer Hochwald.

Wandern im Tüschenwald und im Uedemer Hochwald.

Im Uedemer Hochwald sowie im Tüschenwald gibt es ein gut markiertes Wanderwegenetz. Mehrere kleinere Parkplätze können als Ausgangsorte genutzt werden. Die Wanderwege sind gut. Alle sind beschildert und markiert.

Wanderparkplatz hinter der Villa Reichswald, Reichswaldstraße 2, 47589 Uedem. GPS-Daten: 51.65760304075324, 6.352917411218525.

Beschilderung A1. Die leicht begehbare Strecke ist sieben Kilometer lang.

Wanderparkplatz Marienbaumer Straße, 47589 Uedem, zwischen Xanten-Marienbaum und Uedem. GPS-Daten: 51.67002595133466, 6.371795123658523.

Beschilderung A2. Die 6,7 Kilometer lange Strecke ist ebenfalls leicht begehbar. Die Markierung des Wegs besteht nur in eine Richtung!

Noch einmal der Wanderparkplatz Marienbaumer Straße, 47589 Uedem, zwischen Xanten-Marienbaum und Uedem. GPS-Daten: 51.67002595133466, 6.371795123658523.

Dieser Wanderweg ist mit A3 beschildert. Die mittelschwere Strecke ist 5,8 Kilometer lang. Die Markierung des Wegs besteht nur in eine Richtung! Der Weg kann mit einer schönen zusätzlichen Schleife erweitert werden. Hierzu nach dem Aufstieg zum Uemscher Berg der Markierung *Kreis* folgen.

Wanderparkplatz Labbecker Straße, zwischen Xanten-Marienbaum und Sonsbeck-Labbeck.
GPS-Daten: 51.66989107152116, 6.371838036069745.

Dieser mit A4 beschilderte Wanderweg ist 6,2 Kilometer lang und mittelschwer. Die Markierung des Wegs besteht ebenfalls nur in eine Richtung!

Aussicht

Der Tüschenwald und der Uedemer Hochwald bieten durch ihre Lage auf dem Höhenrücken besonders in Richtung Xanten schöne Ausblicke.

Vom Dach der Hohen Mühle in Uedem genießt der Besucher ein schönes Bild auf die niederrheinische Landschaft, besonders auf das reizvolle Gebiet des Uedemer Hochwaldes.

Gewässer

Die Xantener Südsee und die Xantener Nordsee

Um einen Tag an der Südsee zu verbringen, muss kein Flug gebucht werden. Bora Bora gibt es auch am Niederrhein. Beide Seen bieten vielfältige Möglichkeiten zur Freizeitgestaltung und Erholung.

Adresse: Am Meerend 2, 46509 Xanten.

Museum

Das Schuster- und Lederwarenmuseum in Uedem

Im Osten von Uedem befindet sich die im 13. Jahrhundert erbaute Hohe Mühle, die während der Öffnungszeiten besichtigt werden kann. Sie ist eine der ältesten aus Stein gebauten Windmühlen am Niederrhein. Darinnen befinden sich ein Restaurant und das Schuster- und Lederwarenmuseum, welches die traditionelle Uedemer Schuhfabrikation thematisiert.

Adresse: Mühlenstraße 101, 47589 Uedem.

Tipp

Die Freizeitstätte an der Hohen Mühle

Jung und Alt findet hier auf rund 750 Quadratmetern ein umfangreiches Freizeitangebot. Auf einem großen Bolzplatz mit Kunststoffrasen sowie auf einem Biker- und einem Fitness-Parcours finden alle, die Freude und Spaß an der Bewegung haben, viele Möglichkeiten. Ein Schachspielfeld, eine Tischtennisplatte und eine Boule-Bahn runden das Angebot ab.

Adresse: Mühlenstraße 101, 47589 Uedem.

Für die Kleinen

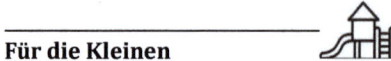

Der Kinderspielplatz Hohe Mühle Uedem und der pielplatz Sonsbeck

Adressen: Katzenberg 25, 47589 Uedem und 47665 Sonsbeck.

In der Nähe

Die Antike Wasserleitung

Auf dem Dorfplatz in Labeck und auf dem Gelände des ehemaligen Forsthauses Hasenacker sind Reste einer antiken Wasserleitung ausgestellt.

Adresse: Marienbaumer Straße 129, 47665 Sonsbeck, in einem kleinen Waldstück hinter dem Parkplatz und Dassendaler Weg 71, 47665 Sonsbeck.

Einkehr

Bürgerhaus Uedem, Agathawall 11, 47589 Uedem, Tel.: 02825 1667, http://buergerhausuedem.de

Hufschen Henn Hofgastronomie, Am Hochwald 5, 47589 Uedem, Tel.: 02825 5350325, https://hochwald-spargel.de/hofgastronomie

Camping

Campingpark Kerstgenshof, Marienbaumer Straße 158, 47665 Sonsbeck, Tel.: 02801 4308, https://kerstgenshof.de

Campingplatz Bremer, Urseler Straße. 10, 46509 Xanten, Tel.: 02801 4730, https://campingplatz-bremer.de

(12) Die Pfalzdorfer Höhen

Eine pfälzische Sprachinsel am Niederrhein

Die Pfalzdorfer Höhen erstrecken sich inform einer plateauartigen Hochebene über die niederländische Grenze hinweg bis nach Nijmegen. Sie werden auf deutschem Gebiet im Osten auch Gocher Heide, im mittleren Bereich Pfalzdorfer Lössplateau und im Westen Reichswald genannt.

Orte

Kleve

Kleve ist eine Stadt am unteren Niederrhein an der deutsch-niederländischen Grenze mit 51.800 Einwohnern. Das Stadtgebiet weist mit 106,2 Metern die höchste Erhebung am Niederrhein auf.

Pfalzdorf

Pfalzdorf mit seinen 6950 Einwohnern ist ein Stadtteil von Goch. Vor seiner Einge-meindung 1969 war es eines der flächenmäßig größten Dörfer Deutschlands. Die Streusiedlung liegt auf den Pfalzdorfer Höhen und gehört zur sogenannten pfälzi-schen Sprachinsel am Niederrhein. Hier am unteren Niederrhein, genau in Pfalzdorf, Louisendorf und Neu-Louisendorf, wird seit Jahrhunderten pälzersch gebabbelt. Grund dafür waren pfälzische Auswanderer, die im Jahre 1741 anstatt im fernen Pennsylvania aufgrund von fehlenden Schiffspassagen am linken Niederrhein landeten.

Adresse für Navigation

Hevelingstraße 110, 47574 Goch.
GPS-Daten: 51.70638684908971, 6.163741697730126.

Öffentlicher Nahverkehr

Mit dem Bus 70 von Kleve, Koekkoek-Platz, nach Goch Pfalzdorf, Heidekamp.

Wandern in den Pfalzdorfer Höhen

Im Pfalzdorfer Tannenbusch (siehe auch bei Tipp) verlaufen mehrere Wanderwege. GPS-Datei: 51.736201399996816, 6.167950553549202.

Adresse: Waldparkplatz Bedburger Straße 117, 47574 Goch.

Gewässer

GochNess am ehemaligen Kesseler Baggersee

Der See entstand ab 1974 durch Ausbaggerung von Sand und Kies. Für Sportbegeis-terte stehen am See Volleyball- und Fitnessgelegenheiten und ein Minigolfplatz zur Verfügung. Gekickt werden kann ebenfalls. Das Freizeitbad GochNess bietet eine Wasserlandschaft mit Innen- und Außenbereich.

Adresse: Freizeitbad GochNess, Kranenburger Straße 20, 47574 Goch,
Tel.: 02827 920010, https://gochness.de.

Tipp

Der Pfalzdorfer Tannenbusch

Das Naturschutzgebiet Pfalzdorfer Tannenbusch ist Teil des Reichswaldes und liegt
zwischen Goch und Bedburg Hau. Das Gebiet gehört zu den ältesten Kiefernwäldern
am Niederrhein und diente insbesondere zur Hochzeit des Bergbaues am Niederrhein als Holzlieferant für die Kohlengruben. Damals wurden zunächst Fichten
eingesät, die man im Volksmund aber häufig als Tannen oder Denen bezeichnete:
daher der Name Tannenbusch. Heute wird das Gebiet des Tannenbuschs als Erholungsgebiet von Menschen aus den umliegenden Städten genutzt und bietet vielen
Tieren eine Heimat. Der Tannenbusch wird von mehreren Wanderwegen durch-
kreuzt.

Adresse: Waldparkplatz Bedburger Straße 117, 47574 Goch.

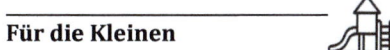

Für die Kleinen

Der Spielplatz Achter de Retött und der Spielplatz Am Tannenbaum

Adressen: Achter de Retött, 47574 Goch und Am Tannenbaum 17, 47574 Goch.

In der Nähe

Die Festung Schenkenschanz und die Eisenbahnbrücke Griethausen am Altrhein

Im 80-jährigen Krieg der Niederlande gegen Spanien baute Martin Schenk von
Nideggen 1586 ein Befestigungswerk, eine sogenannte Schanze. Die Gemarkung
Schenkenschanz liegt im Überflutungsbereich des Naturschutzgebietes Kleve-
Salmorth. Darum ist das Dorf teilweise durch eine Schutzmauer und von einem
Deich vor Hochwasser geschützt. Droht eine Überflutung, wird das Hochwasser-
schutztor geschlossen und Örtchen wird zur Insel – zur abschließbaren Insel.

Adresse: Schenkenschanz, 47533 Kleve.

Die Eisenbahnbrücke im Klever Stadtteil Griethausen, auch Altrheinbrücke genannt,
ist die älteste Eisenbahnbrücke Mitteleuropas. Die rostende Schönheit wurde von
1863 bis 1865 von der Rheinischen Eisenbahngesellschaft gebaut.

Adresse: Wehrpöhl, 47533 Kleve.

Einkehr

Gaststätte zum Bahnhof, Motzfeldstraße 43, 47574 Goch-Pfalzdorf,
Tel.: 02823 4506, https://gaststaette-schroeder.de

Camping

Campingplatz Im Erlengrund, Am Gocher Berg 108, 47574 Goch, Tel.: 0173 6617121,
https://campingclub-erlengrund.jimdo.com

(13) Der Bedburg-Moyländer Höhenzug

In Kehrum nicht umkehren!

Die Hügelkette am Nordrand der Pfalzdorfer Höhen, zwischen Kalkar und Bedburg- Hau gelegen, wird Bedburg-Moyländer Höhenzug genannt. InKalkar befindet sich unter anderm das Freizeitzentrum *Wunderland*, das auf dem Gebiet des wegen anhaltender Proteste niemals in Betrieb gegangenen schnellen Brüters errichtet wurde.

Orte

Kalkar

Die Stadt Kalkar liegt am unteren Niederrhein und ist Teil des Kreises Kleve. Sie ist geprägt durch ein sehr gut erhaltenes mittelalterliches Stadtbild.

Bedburg-Hau

Die Gemeinde Bedburg-Hau liegt am unteren Niederrhein und gehört zum Kreis Kleve. Die hier ansässige LVR-Klinik Bedburg-Hau ist eine der größten Krankenhäuser in Nordrhein-Westfalen.

Adresse für Navigation

Am Bollwerk, Ecke Grabenstraße, 47546 Kalkar.
GPS-Daten: 51.73534809480828, 6.297154109455165.

Mit dem Bus Linie 47 von Goch Bahnhof nach Kalkar Markt. Vom Markt über die Grabenstraße bis zur Straße am Bollwerk und zum Parkplatz des Schulzentrums gehen.

Wandern auf dem Bedburg-Moyländer Höhenzug

Von Kalkar auf den Monreberg

Ausgangspunkt: Am Bollwerk, Ecke Grabenstraße, 47546 Kalkar
(auf dem Parkplatz des Schulzentrums).
GPS-Daten: 51.73534809480828, 6.297154109455165.
Typ: Rundweg
Länge: 12,6 Kilometer
Schwierigkeit: leicht
Beschilderung: keine
Wegbeschaffenheit: Viel Asphalt, Waldwege.

Vom Parkplatz zurück zur Straße, welcher man nach links über eine Brücke folgt. Weiter geht es geradeaus auf der *Xantener Straße*. Wenig später links halten und damit weiterhin auf der Xantener Straße bleiben. Vor dem Kreisverkehr rechts halten. Dann in das Industriegebiet *Kastellstraße* hinein. Die Nächste rechts herum und mit dem Linksschwenk der Straße durch ein Neubaugebiet. Schließlich wieder links in den *Vossegattweg*. Neben einem Hof, bei der Einmündung *Ginsterweg* weiter in Laufrichtung. An der folgenden Rechtskurve führt der Wanderweg weiter geradeaus und bergauf in einen Wald hinein. Der Weg teilt sich und es geht rechts weiter. Diesem Pfad folgen wir nun eine ganze Weile. Hinter einem militärischen Sicherheitsbereich rechts ab. Jetzt auf dem Fußgängerweg parallel zur Hauptstraße nach links wandern. Dies zieht sich leider etwas. Vor einer Hofgruppe geht es dann aber links ab in den zugewachsenen Grenzweg. Er mündet in einen Teerweg. Auf diesem rechts halten. Vor dem Anbetungshäuschen links auf den unbefestigten Weg. Am Waldende auf linken Zweig weiter in Laufrichtung. Abermals erreicht man eine Hauptstraße und folgt dieser wieder nach links. Es geht durch das Örtchen *Kehrum* und an einer großen Kreuzung weiter geradeaus nach *Appeldorn*. Schließlich nach links in den *Oyweg* wandern. Nun braucht man für lange Zeit nicht mehr abbiegen. Es geht zwar auf Asphalt voran, links und rechts erwartet den Wanderer aber eine wirklich typische Niederrheinlandschaft. Auch an der Kreuzung mit der *Bennepstraße* bleibt man der Laufrichtung treu und wandert wenig später an der *Schlingstraße* geradeaus vorbei. Jetzt geht es nach links, gleich wieder nach rechts. Bevor der Schotterweg in einer weiteren Linkskurve wieder zu Asphalt wird, geht es geradeaus auf einen schmalen

Pfad. Dieser verläuft rechts parallel zu einem Bachlauf. Erst wenn der Weg zu einer Steinbrücke ansteigt, geht es links in den Ort hinein. Auf dem Markt angekommen, links ab in die *Monrestraße*. Nachdem die hübsche Straße mündet, geht es noch einige Meter nach rechts und wir sind wieder am Parkplatz.

Textquelle: Jürgen Weiß, www.wanderwegewelt.de

Aussicht

Auf dem Gipfel des Monreberg stehen Sendemasten, einige Häuser und Bauernhöfe mit Nebengebäuden. Über eine abschüssige Wiese hat man einen Blick auf Kalkar.

Museen

Städtisches Museum Kalkar und Stiftung Museum Schloss Moyland

Neben stadtgeschichtlichen Informationen und Dokumenten beherbergt das Museum eine Gemäldesammlung von Künstlern der ersten Hälfte des 20. Jahrhunderts.

Adresse: Städtisches Museum Kalkar, Grabenstraße 66, 47546 Kalkar,
Tel.: 02824 13118, https://freunde-kalkars.de

Das Museum Schloss Moyland ist ein Museum für moderne und zeitgenössische
Kunst und ein internationales Forschungszentrum zu Joseph Beuys.

Adresse: Am Schloss 4, Bedburg-Hau, Tel.: 02824 951060, https://moyland.de

Tipp

Die Gerichtslinde in Bedburg-Hau und der historische Stadtkern Kalkar

Die Gerichtslinde vor der alten St.-Antonius-Kirche im Bedburger Stadtteil Hau ist
die älteste Gerichtslinde im Kleverland und wurde im Jahr 1378 gepflanzt. Zu Beginn
des 14. Jahrhunderts erhielt Hau ein eigenes Schöffengericht. Unter der Gerichtslinde erfolgte damals unter freiem Himmel der Rechtsspruch.

Adresse: An der Kirche, 47551 Bedburg-Hau.

Der historische Stadtkern Kalkar präsentiert mit der spätgotischen St. Nikolai-Kir-
che und ihren weltberühmten Schnitzaltären, mit dem größten erhaltenen gotischen
Rathaus des Rheinlandes und den zahlreichen Bürgerhäusern aus der Spätgotik, der
Renaissance, dem Klassizismus und dem Historismus die Architektur, Kunst und den
Städtebau des Mittelalters.

Adresse: Grabenstraße, Wallstraße, Kesselstraße, 47546 Kalkar.

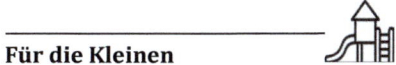

Für die Kleinen

Der Spielplatz Hermann-Basten-Straße und der Spielplatz Am Stadtpark

Adressen: Hermann-Basten-Straße 64, 47551 Bedburg-Hau und
         Am Stadtpark, 47546 Kalkar.

In der Nähe

Die Wisseler Dünen

Die Wisseler Dünen sind die einzige vom Rhein geprägte Flussdünenlandschaft
in Nordrhein-Westfalen. Sie können auf mehreren Wegen durchwandert werden.

Adresse: Mühlenstraße 51, 47546 Kalkar

Einkehr

Ratskeller Kalkar, Markt 20, 47546 Kalkar,Tel.: 02824 2460,
https://ratskeller-kalkar.com

Restaurant Brauhaus Kalkarer Mühle, Mühlenstege 8, 47546 Kalkar,
Tel.: 02824 93230, https://brauhauskalkarermühle.apps-1and1.net

Landgasthof Westrich, Bienenstraße 26, 47551 Bedburg-Hau, Tel.: 02824 6305,
https://landgasthof-westrich.de

Gaststätte zur Dorfschmiede, Sommerlandstraße 14, 47551 Bedburg-Hau,
Tel.: 02824 6540, https://schmiede-till.de

Camping

Campingpark Wisseler See, Zum Wisseler See 15, 47546 Kalkar, Tel.: 02824 96310,
https://wisseler-see.de

Womopark Moyland, Moyländer Allee 3 a, 47551 Bedburg-Hau, Tel.: 02821 20110,
https:/womopark-moyland.com

⑭ Der Kranenburger Höhenrand

Über den Rand hinaus

Ort

Kranenburg

Das über 775 Jahre alte Städtchen Kranenburg liegt zwischen den Niederungen
der Rheinauen und den Höhenzügen des Reichswaldes.

Adresse für Navigation

Klever Straße 70, Kranenburg.
GPS-Daten: 51.782163921068296, 6.032905040060651.

Öffentlicher Nahverkehr 🚌

Der Bus Linie 55, fährt von Kleve Bahnhof zur Bushaltestelle Bürgermeisteramt Kranenburg an der Klever Straße. Von hier aus per pedes auf der Klever Straße zur Nummer 70.

Wandern auf dem Kranenburger Höhenrand

Zum tiefsten Landpunkt Nordrhein-Westfalens

Ausgangspunkt: Klever Straße 70, Kranenburg.
GPS-Daten: 51.782163921068296, 6.032905040060651.
Typ: Rundweg
Länge: 3,9 Kilometer
Schwierigkeit: leicht
Beschilderung: große Holzschilder.
Wegbeschaffenheit: Asphalt, Wiesenwege.

Vom kleinen Parkplatz starten wir rechts an der Karte vorbei auf den geteerten Weg *Kurze Hufen*. Dem Weg entgegen der Holzpfeile im Uhrzeigersinn folgen. Dies entspricht der Nummerierung der Informationspunkte in der Karte am Start. Wenig später erreichen wir auch einen dieser Infopunkte. An der folgenden Kreuzung biegt man rechts in die Allee *Bruchsche Straße.* Hier bleiben wir, für einen Naturpfad ungewöhnlich, auf asphaltiertem Untergrund. An der nächsten Kreuzung biegen wir rechts in eine weitere Allee ein. Wir sind jetzt auf der *Hornderichstraße* unterwegs. Diese (und den Asphalt) darf man dann aber gegenüber dem Pumpwerk nach rechts auf einen Wiesenweg verlassen.
Der Weg folgt nun der Moorwässerung eines Niedermoors, denn man ist hier nur elf Meter über dem Meeresspiegel und somit am tiefsten Landpunkt NRWs unterwegs. Vorbei an Schilf zur Rechten und grasenden Schafen auf der anderen Uferseite sowie einem weiteren Infopunkt, führt der Weg bis zu einem T-Stück. Hier nach links wenden und dem Weg hinauf zum Bahnübergang folgen. Jetzt rechts herum wieder hinunter zur Moorwässerung. An der Brücke hinter dem Angelsportverein die Uferseite wechseln und zurück bis zum Ausgangspunkt wandern. Dort gibt es etwa hundert Meter weiter in Laufrichtung auf der anderen Uferseite eine Beobachtungskanzel mit Blick auf den 2008 angelegten Flachwassersee.

Textquelle: Jürgen Weiß, www.wanderwegewelt.de

Aussicht

Vom Aussichtspunkt Brandenberg ergibt sich ein großartiger Blick auf Kranenburg und seine Umgebung.

Adresse: Genneper Weg, 47559 Kranenburg.

Gewässer

Das Wyler Meer

Das Wyler Meer befindet sich im Deutsch-Niederländischen-Grenzgebiet nahe der Stadt Kranenburg. Es ist ein schmales Binnengewässer (Rhein-Altarm) mit einer Länge von etwa zwei Kilometern. Kurios: In der westlichen Hälfte des Sees verläuft die Bundesgrenze längst durch das Gewässer. Rund um das Wyler Meer gibt es Wanderwege, die zum Teil unmittelbar am Gewässer verlaufen. Von Deutschland aus bietet sich die St. Martin Kirche in Zyfflich als Ausgangspunkt an. Auf der niederländischen Seite ist der Parkplatz Kalorama Wandeltocht Parkeerplaats, Jozef Israëlsstraat 15, 6521 MS Nijmwegen, ein guter Startplatz für Wanderungen um das Wyler Meer.

Museum

Das Museum Katharinenhof mit dem Mühlenturm

Der Katharinenhof dient als Kunstmuseum. Ausgestellt werden neben Kunstwerken auch Devotionalien vom Mittelalter bis zur Gegenwart. Im Mühlenturm befindet sich die Ausstellung *Geschichte im Turm* mit Themen zur Geschichte Kranenburgs und der Region von der Eiszeit bis heute.

Adresse: Mühlenstraße 9, 47559 Kranenburg, Tel.: 02826 623, https://museumkatharinenhof.de

Tipp

Zyfflich

Im Kranenburger Ortsteil Zyfflich steht der Besucher auf 9,2 Meter Meereshöhe und damit auf dem tiefsten Punkt Nordrhein-Westfalens. Der Ort kann mit weiteren Kuriositäten aufwarten. Es grenzt im Norden, Westen und Südwesten an die Niederlande. Zyfflich ist der letzte Eintrag im deutschen Postleitzahlenbuch. Von 1794 bis 1810 war Zyfflich das nördlichste Dorf Frankreichs.

Für die Kleinen

Der Spielplatz Nütteraner Erlebnispark *und der Spielplatz* Römerstraße

Adressen: Alart-von-Eyl-Straße, 47559 Kranenburg und Klinkenberg 10, 47559 Kranenburg.

In der Nähe

Ja, wir san mit der Draisine da!

Mit einer Draisine durch die Lande radeln ist heute auf mehreren Strecken möglich. Dabei eine Landesgrenze zu überschreiten, gelingt nur am Niederrhein. Die Grenzlanddraisine verläuft von Kranenburg über die Staatsgrenze in das niederländische Städtchen Groesbeck und wenn gewünscht, natürlich auch wieder zurück.

Kontakt: Bahnhofstraße 15, 47559 Kranenburg, Tel.: 02826 9179900, www.grenzland-draisine.eu

Einkehr

Restaurant Haus Hünnekes, Klever Straße 62, 47559 Kranenburg, Tel: 02826 92248, https://haushuennekes.de

Camping

Camping Bij Ons, Cranenburgsestraat 178, 6562 LV Groesbeek, Niederlande, Tel: +31 24 355 5096, https://bijonsingroesbeek.nl

Die Reichswaldhöhen mit dem Klever Berg

Viel Geschichte in den Zweigen

Der Klever Reichswald ist mit über 5.000 Hektar das größte zusammenhängende Waldgebiet des Niederrheins und der größte zusammenhängende öffentliche Staatsforst in Nordrhein-Westfalen. In den Reichswaldhöhen liegen die höchsten Erhebungen des gesamten Niederrheinischen Höhenzuges, der Klever Berg mit 106,8 Metern, der Stoppel-, Gelden- und Brandenberg mit etwa 90 Meter Höhe über dem Meeresspiegel. Dendrologisch handelt es sich um ein Laubmischwaldgebiet, indem hauptsächlich Rotbuchen vorherrschen. Der Forst spiegelt ein maßgebliches Kapitel der niederrheinischen Geschichte wider. In seiner Region hat die römische Zivilisation während ihres Aufenthaltes bis ins fünfte Jahrhundert n. Chr. viele Spuren hinterlassen.

Für die Bataver, die sich unter Iulius Civilis im Jahre 69 n. Chr. im heutigen Reichswald zum Aufstand gegen die römische Herrschaft sammelten, war er der Heilige Wald. Im Mittelalter, anno 980, brachte die aus Byzanz stammende Kaiserin Theophanu auf dem Gebiet des Reichswaldes nahe Kessel einen Sohn zur Welt – den späteren Kaiser Otto III.

Gegen Ende des Zweiten Weltkrieges kam es am Niederrhein, unter anderem im Klever Reichswald, zu massiven Kampfhandlungen. Mehr als 10.000 Alliierte und deutsche Soldaten verloren bei den erbitterten Kampfhandlungen ihr Leben.

Ort

Kleve

Kleve ist eine Stadt am unteren Niederrhein an der deutsch-niederländischen Grenze mit 51.800 Einwohnern. Das Stadtgebiet weist mit 106,2 Metern die höchste Erhebung am Niederrhein auf.

Adresse für Navigation

Grunewaldstraße, 47533 Kleve-Reichswalde.
GPS-Daten: 51.741044275564626, 6.080461764365333.

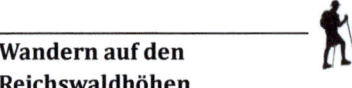

Öffentlicher Nahverkehr

Ab Kleve Bahnhof mit der Buslinie 50 Wolfsgraben Richtung Materborn. Ausstieg: Auf dem Kamp, danach zwei Kilometer auf der Grunewaldstraße zum Ziel gehen.

Wandern auf den Reichswaldhöhen

Wir wandern in den Reichswaldhöhen. Die vierstämmige Buche, Hügelgräber und der Quarzitblock goldenes Kalb sind nur einige Natur- und Bodendenkmäler, die den Wanderer unterwegs in den Reichswaldhöhen zur Rast einladen. Gut ausgebaute Wanderwege, die von den zahlreichen Wanderparkplätzen am Reichswald zu erreichen sind, durchziehen alle Teile des Waldgebietes und locken Jahr für Jahr viele Besucher an.

Eine Bergtour am Niederrhein

Ausgangspunkt: Parkplatz Grunewaldstraße, 47533 Kleve-Reichswalde.
GPS-Daten: 51.741044275564626, 6.080461764365333.
Typ: Rundweg
Länge: 9,4 Kilometer.
Schwierigkeit: einfach, hügelig.
Beschilderung: Weißes A1 auf schwarzem Grund.
Wegbeschaffenheit: Asphalt, Waldwege.

Vom Parkplatz geht es über die Straße hinweg und auf der anderen Seite an einer
Schranke vorbei in den Reichswald. Ein Schild sagt, dass es sich um das Waldna-
turschutzgebiet Geldenberg handelt. Nun kann man den Kopf ausschalten. Schnurgerade geht es durch die Buchenallee. Augen auf. Einige der Bäume scheinen den
Cartoons von Dr. Snuggles entsprungen. Recht unvermittelt geht es nach einer
ganzen Weile rechts herum. Außer dem Hinweisstein D116 gibt es hier keine beson-
dere Landmarke. Diesem schönen Waldweg folgen wir, bis wir wieder auf Asphalt
treten. Nun nach links wenden. Wellenartig geht es kräftig bergan. Dann knickt der
Weg nach rechts. Dann knickt er wieder nach links und schlängelt sich leicht bergab durch den Wald. An einer Kreuzung verlässt man den Asphalt schließlich nach
rechts und wandert weiter abwärts. Wieder geht es eine ganze Weile ziemlich wellig
schnurgeradeaus. Dann zweigt der Wanderweg nach rechts ab und führt leicht bergauf. Unverhofft steht man am Fuße einer, dem Niederrhein Mount-Everest gleichen
Steigung. Nach deren Erklimmen wandert man an einer Streuobstwiese und der
folgenden Kreuzung weiter geradeaus, um dann an der nächsten Kreuzung (mit dem
Hinweisstein 203G) rechts abzubiegen. Nun geht es lange geradeaus, aber bergab.
Am folgenden T-Stück dann links herum. Kurz bevor man den Reichswald durch ein
rotes Tor verlassen würde, wenden wir uns nach rechts. Jetzt am Feldrand entlang
und wieder in den Wald hinein wandern. Mit dem asphaltierten Weg geht es weiter
geradeaus. Man erreicht einen weiteren Asphaltweg, auf dem es nun nach rechts
geht. Auf dem befestigten Querweg geht es nun nach links, zurück zum Parkplatz.

Textquelle: Jürgen Weiß, www.wanderwegewelt.de

Aussicht

Der Klever Berg ist mit 106 Metern die höchste Erhebung am Niederrhein und
diente in alten Zeiten als Galgenberg. Auf ihm steht seit 1892 der 15 Meter hohe
Aussichtsturm. Er bietet dem Besucher einen Rundumblick über das Klever Land
mit der Emmericher Rheinbrücke.
Im Nordwesten kann man bei gutem Wetter die niederländische Nachbarstadt
Nimwegen, die Flüsse Waal und Rhein sowie im Norden den Eltenberg und die
Höhe von Montferland bei's-Heerenberg sehen. Im Südosten geht der Blick auf

die Türme des Sankt Vikttor-Doms von Xanten und im Süden und Westen nach Goch.

Adesse: Grüner Heideberg 16, 47533 Kleve.

Weitere Aussichtspunkte in Kleve sind der Moritzpark am Kreishaus, Prinz-Moritz-Weg, 47533 Kleve, der Blauer Himmel, Blauer Himmel, 47533 Kleve und der Butterberg, Tiergartenstraße, 47533 Kleve.

Vom Aussichtsturm auf dem Klever Berg hat der Besucher einen herrlichen Rundumblick über das Klever Land.

Gewässer

Das Teichgebiet der Sieben Quellen

In einem Tal im Wald befindet sich das Teichgebiet der Sieben Quellen. Ein Walderlebnispfad mit Baumtelefon und ein Barfußpfad ziehen vor allem Familien mit Kindern an.

Adresse: Ortsgrenze Kleve/Kranenburg-Nütteren, Wanderparkplatz. Römerstraße/ Schaafsweg, 47559 Kranenburg.

Museum

Das Museum Kurhaus Kleve und das KleverSchuhMuseum

Das Museum Kurhaus Kleve präsentiert Kunstwerke vom Mittelalter bis zur Gegenwart.

Adresse: Tiergartenstraße 41, 47533 Kleve, https://museumkurhaus.de

Im KleverSchuhMuseum werden das Schuster-Handwerk und die Geschichte der ehemaligen Schuhfabriken in Kleve dargestellt.

Adresse: Siegertstraße 3, 47533 Kleve, https://klever-schuhmuseum.de

Tipp

Die Altstromrinne Kermisdahl

Wer vom Parkplatz der Schwanenburg in Kleve eine Treppe den Bleichenberg hinabgeht, kann von dort aus am Ufer des alten Rheinarms Kermisdahl auf dem Prinz-Moritz-Weg eine Wanderung zum Schloss Moyland unternehmen.

Adresse: Schwanenburg, Schloßberg 1, 47533 Kleve.

Für die Kleinen

Das Rotwildgehege

Sehr beliebt sind die Rotwildgehege, in denen auch Wildschweine zu sehen sind.

Adresse: Buchholz 3, 47533 Kleve.

In der Nähe

Das Prinz-Moritz-Grabmal und der Britische Ehrenfriedhof

Ein paar Schritte weg von der lauten Uedemer Straße liegt in einem kleinen Waldstück eine Begräbnisstätte. Aber nicht irgendeine. Hier ließ sich Fürst Johann Moritz von Nassau-Siegen im Jahre 1678 ein Grabmal der besonderen Art bauen.
Ein steinernes Halbrund umschließt einen gewaltigen gusseisernen Sarkophag. In der halbkreisförmigen Mauer, die wie ein Amphitheater wirkt, sind römische Altertümer eingemauert, unter anderem der Grabstein des Marcus Caelius. Anno 1820 wurden die antiken Stücke in das heutige Rheinische Landesmuseum Bonn gebracht und durch Kopien ersetzt. Die nördlich der Alpen einzigartige Anlage wirkt innerhalb der umliegenden Bäume auf den Besucher wie eine Grabstätte aus der griechischen Mythologie.

Adresse: 47551, Prinz-Moritz-Weg, 47533 Bedburg-Hau.

Für die gefallenen britischen Soldaten des 2. Weltkrieges wurde der *Reichswald Forest War Cemetery*, der britische Ehrenfriedhof, angelegt. Er ist der größte der 15 in Deutschland legenden Sammelfriedhöfe und der größte des Commonwealth in Deutschland.

Adresse: Grunewaldstraße, 47533 Kleve.

Einkehr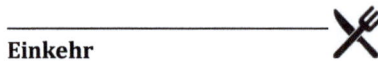

Restaurant Altes Landhaus im Forstgarten Kleve, Joseph-Beuys-Allee 1, 47533 Kleve, Tel.: 02821 973274, https://restaurant-altes-landhaus-im-forstgarten-kleve.de

Restaurant Königsgarten, Königsgarten 53, 47533 Kleve, Tel.: 02821 13667, http://koenigsgarten-kleve.de

Ratskrug Materborn, Dorfstraße 43, 47533 Kleve, Tel: 02821 49319, https://ratskrug-materborn.de

Camping

Campingpark Kleve, Landwehr 4, 47533 Kleve, Tel.: 02821 20110, https://campingpark-kleve.de.

Willisee, Zyfflicher Straße 33, 47533 Kleve, Tel.: 0170 8604008, https://willisee.de

(16) Te Zeven Heuvelen (Die sieben Hügel), Niederlande

Weinberge und das Ende des Niederrheinischen Höhenzugs

Westlich des Kranenburger Höhenrandes, bereits größtenteils auf niederländischem Gebiet, schließt sich ein zweites Zungenbecken an, welches durch den Groesbeeker Lobus geformt wurde. Der Stauchwall beginnt bei Kranenburg und zieht sich südlich um Groesbeek herum bis nach Berg en Dal und Nijmegen. Der südliche und westliche Teil des Bogens wird Zeven Heuvelen (Sieben Hügel) genannt.
Bei Nijmegen endet der Niederrheinische Höhenzug, dort wo der Rhein am Gelderse Poort (dem Tor zum Gelderland) die Stauchwallkette durchbricht und sich in den Nederrijn und den Waal aufteilt.

Berg en Dal

Berg en Dal ist eine Ortschaft in der gleichnamigen niederländischen Gemeinde.

Groesbeek

Wein aus Holland, ein Scherz? Mitnichten! Weine aus Deutschland, aus Österreich, ein guter Bordeaux aus Frankreich, gerne auch aus Kalifornien und Südafrika. Alle finden ihre Abnehmer. Aber Wein aus Holland? Das kleine Örtchen Groesbeek darf sich stolz als das Weindorf der Niederlande bezeichnen. 2001 wurden hier die ersten Weinstöcke gepflanzt. Eine erfolgreiche Initiative, denn Groesbeeker Wein wird bei Weinprüfungen regelmäßig mit Preisen ausgezeichnet.

Nimwegen (Nijmegen)

Die Ursprünge der Stadtwerdung von Nijmegen fallen in die Zeiten des Kaisers Trajan. Die Stadt konkurriert deshalb zun Recht mit Maastricht um den Titel *Älteste Stadt der Niederlande.*

Adresse für Navigation

Dorpsplein 1, 6562 AH Groesbeek, Niederlande.
GPS-Daten: 51.77780845724776, 5.932391097733319.

Öffentlicher Nahverkehr

Von Nijmegen mit der Buslinie 5 nach Groesbeek, Haltestelle Centrum.

Wandern in den Zeven Heuvelen

Über die sieben Hügel

Ausgangspunkt: Dorpsplein 1, 6562 AH Groesbeek, Niederlande.
GPS-Daten: 51.77780845724776, 5.932391097733319.
Typ: Rundweg
Länge: 11 Kilometer.
Schwierigkeit: einige steile Abschnitte.

Beschilderung: nein
Wegbeschaffenheit: Asphalt, Waldwege, die bei nassem Wetter schlammig
sein können.

Vom Dorfplatz/Rathaus links in die *Dorpsstraat* und nach dem ehemaligen Bahnübergang wieder links in die *Kerkstraat* abbiegen. Die Kirche geradeaus passieren.
Nach einer Rechtskurve erreichen wir eine Vorfahrtsstraße, von der wir nach links
abbiegen. Dieser Straße bis zu ihrem Ende bei der Hausnummer 46 folgen. Hier
treffen wir auf die Hauptstraße, an der wir links auf einen Radweg abbiegen. Kurze
Zeit später geht es rechts in den *Postweg* und dann hinunter zum Golfplatz. An
dessen Ende biegen wir an der Kreuzung rechts ab. Nach etwa 200 Meter an der
Schranke geht es dann links in den Wald. Hier den rechten Weg nehmen. An der
Kreuzung gleich außerhalb des Waldes biegen wir rechts ab und gelangen an eine
Kreuzung mit einer stark befahrenen Straße, dem *Zevenheuvelenweg*. Diesen über-
queren wir und gegen geradeaus auf den Weg *Bovve Hel*. Am Ende, beim Wegwei-
ser, biegen wir links ab und folgen der rot/weißen Markierung des *Pieterwegs*.
Am Ende des Weges geht es rechts ab, entlang des Landguts Nederrijk. Wir erreichen eine Bank und wandern von hier mehr oder weniger geradeaus in den Wald.
Dabei folgen wir den rot/weißen Markierungen und ignorieren die Linkskurven.
Bei der ersten Abzweigung verlassen wir rechts den Wald und damit auch die
rot/weiße Markierung des Pieterwegs. Wir folgen dem Weg *Voermansdaol* durch
landwirtschaftliche Flächen. An dem nächsten Weg namens *Kiekuutklaef* biegen wir
rechts ab. Diesem folgen wir zwischen den Feldern und Wiesen bis zum Gipfel, von
wo aus wir eine schöne Aussicht haben, unter anderem auf die Hügel des Reichswaldes. Hier biegen wir rechts ab in den Wald, *De Dinne van Gisteren*. Am Ende dieses Weges geht es links weiter. Nun folgen wieder der rot/weißen Markierung und
wandern an der Straße geradeaus an einem Bauernhof vorbei. Der Weg biegt dann
links ab, dann rechts auf die *Schoekse-Straße*, weiter hinunter zur Asphaltstraße.
Hier geht es rechts ab, wobei wir erneut den Zevenheuvelenweg überqueren und
weiter geradeaus gehen. Vor dem ersten Haus links abbiegen, einen kleinen Weg
hinauf, durch ein Flügeltor, der *Galgenhei*. Am Ende der asphaltierten Straße wieder
links abbiegen und vor der Tankstelle rechts abbiegen, auf die *Seven Hills Road*.
Auf halber Strecke biegen die rot-weißen Markierungen des Pieterpad ab, wir
gehen aber geradeaus bis zum Ende dieser Straße. Dort biegen wir links ab und
an der Kreuzung rechts auf die Dorpsstraat, zum Ausgangspunkt.

Gewässer

Der Mookerplas Plasmolen

Der Mookerplas, ein Seitenarm der Maas, ist ein schöner, langgestreckter See.
Um den See verläuft ein 6.4 Kilometer langer Wanderweg.

Adresse: Mookerplas, Pastoorsdijk 6586, Plasmolen, Niederlande.

Blick auf die Groesbeeker Hügellandschaft.

Museum

Das Afrika Museum

Im Dorf Berg en Dal befindet sich ein Völkerkundemuseum, dessen Ausstellungen und nachgebaute Lebensstätten der indigenen Bevölkerung einen ausführlichen Überblick in die Kultur südlich der Sahara liefern.

Adresse: Postweg 6, 6571 CS Berg en Dal, Niederlande, Tel.: 088– 0042800, https://afrikamuseum.nl/de

Für die Kleinen

Der Freizeitpark Tivoli

Der Freizeitpark Tivoli ist ein Freizeitpark, der sich an Familien mit Kindern richtet.

Adresse: Amusementspark Tivoli, Oude Kleefsebaan 116, 6571 BK Berg en Dal, Tel.: +31 24 684 4444, https://parktivoli.nl/de/homepage

In der Nähe

Die Motte Mergelp

Die Motte Mergelp auf dem Duivelsberg ist der Hügel einer ehemaligen Turmhügelburg.

Siehe auch unter 9. Motten.

Adresse: Parkplatz Duivelsberg 1, 6572 BE Berg en Dal, Niederlande, Vom Parkplatz aus sind es nur noch ein paar Schritte bis zur Motte Mergelp.

Einkehr

de heeren van Berg en Dal, Oude Kleefsebaan 94, 6571 AG Berg en Dal, Niederlande, Tel.: +31 247854897, https:/deheerenvanbergendal.nl

Restaurant Berghof, Zevenheuvelenweg 48A, 6571 CK Berg en Dal, Niederlande, Tel.: +31 24 6841744, https://landgoedhotelbergendal.nl

Camping

Camping De Groote Flierenberg, Zevenheuvelenweg 57, 6571 CH Berg en Dal, Niederlande, Tel.: +31 246841481, https://campingdegrooteflierenberg.nl

Camping Nederrijkswald, Zevenheuvelenweg 47, 6571 CH Berg en Dal, Niederlande, Tel.: +31 246841782, https://nederrijkswald.nl

Blick von der Motte Mergelp auf die Düffel-Niederung

Die Süchtelner Höhen und die Hinsbecker Schweiz

Der tektonische Horst

Der Süchtelner Höhenzug

Ein ideales Gebiet für Wanderer, Familienausflüge und sportlich Aktive

Der Süchtelner Höhenzug ist, obwohl in der Region Niederrhein gelegen, kein Teil der Niederrheinischen Höhen. Er ist nicht, wie lange angenommen, eine Stauch-endmoräne, sondern durch einen tektonischen Horst, also durch Anhebung isosta-tischer Kräfte, entstanden. Daher auch der Zweitname *Viersener Horst*. Auf diese Weise entstand der steilere Westrand des Höhenzuges. Erosionsvorgänge des Rheins während des Eiszeitalters formten seinen flachen abfallenden Osthang.
Der rund 20 Kilometer lange Höhenzug zwischen Hardt im Süden und Herongen im Norden wird nördlich von Hinsbeck von der Nette durchbrochen. Er erreicht zwischen den Stadtteilen Viersen, Dülken und Süchteln knapp 87 Meter und bei Hinsbeck noch 75 bis 80 Meter.
Die schnelle Erreichbarkeit, die vielen beschilderten Wanderwege und die unter-schiedlichen Freizeiteinrichtungen machen die Süchtelner- und Hinsbecker Höhen für Erholungssuchende zu einem begehrten Ziel.

Orte

Viersen

Die Stadt Viersen ist eine Große kreisangehörige Stadt und Sitz des Kreises Viersen mit 76.905 Einwohnern. Einmal im Jahr findet hier das Jazzfestival Viersen mit inter-nationalen, europäischen und regionalen Spitzenmusikern aus unterschiedlichsten Bereichen des Jazz statt. Ebenfalls jährlich ist Viersen Austragungsort der Drei-band-Weltmeisterschaft für Nationalmannschaften. Dann wird Viersen für vier Tage zum Wimbledon des Billardsports.

Dülken

Dülken ist mit gut 20.000 Einwohnern der zweitgrößte Stadtteil von Viersen. Das Wahrzeichen von Dülken ist die Narrenmühle mit Sitz der 1554 gegründeten *Narrenakademie*. Gegründet wurde sie als eine Parodie auf die Geistlichkeit und die übertriebene Wichtigkeit der Gelehrten, einschließlich ihrer veralteten Bräuche der damaligen Zeit.

Süchteln

Im 16.000 Einwohner großen Viersener Stadtteil Süchteln wird die Ortsheilige Irmgard von Süchteln verehrt. Die Heilige soll der Legende nach als Einsiedlerin in der alten Weberstadt gelebt haben. Auf dem Heiligenberg, einem Teil der Süchtelner Höhen, befindet sich die Irmgardiskapelle mit Brunnen. Hier findet einmal im Jahr ihr zu Ehren, die Irmgardis-Oktav statt. Bekannt ist die Irmgardisstadt Süchteln unter anderem auch durch die dort angesiedelte LVR-Klinik Viersen.

Adresse für Navigation

Optimaler Startpunkt für einen Tag mit Viersener Höhenluft ist der Parkplatz am Freizeit- und Sportbereich Stadion Hoher Busch.

Adresse: Josef-Kaiser-Allee 1, 41747 Viersen.
GPS-Datei: 51.262807363281176, 6.369711212903407.

Öffentlicher Nahverkehr

Von Viersen Bahnhof zu den Bushaltestellen Stadion Hoher Busch (080) oder Haus-Kaiser-Bad (080, 083, 084, 085, CE89, 092).

Der Hohe Busch

Das Naherholungsgebiet Hoher Busch ist das Herzstück der Süchtelner Höhen. Es ist hervorragend geeignet für einen abwechslungsreichen Ausflug. Wanderer und Spaziergänger können das Gebiet auf mehreren Rundwanderwegen erkunden. Inmitten alter Buchen, knorriger Eichen und Kiefern befinden sich Sehenswürdigkeiten wie der Bismarckturm, der Wasserturm und das begehbare Steinlabyrinth. Die Sportanlage Hoher Busch ist eine Natursportanlage, die von einem großen Wald umgeben und miteinander verbunden ist. Im Wald gibt es mehrere Fußball- und Tennisplätze sowie andere Einrichtungen, die benutzt werden können. Pferd und Reiter trifft man hier ebenso, wie Hund und Herrchen. Das Stadion ist Heimat des Traditionsvereins 1. FC Viersen 05 e.V.
Seit 2006 findet das Musikfestival *Eier mit Speck* jedes Jahr am letzten vollständigen Juliwochenende am Hohen Busch in Viersen statt. Neben Rock, Pop und Metal werden auch Ska und Elektro auf dem Open-Air-Festival gespielt.

Wandern auf dem Hohen Busch

Durch den Hohen Busch und auf den Süchtelner Höhen.

Ausgangspunkt: Hohe Buschstraße 33, 41747 Viersen.
GPS-Daten: 51.26106593088941, 6.376333297709869.
Typ: Rundweg
Länge: 7,5 Kilometer.
Schwierigkeit: mittel, es geht immer rauf und runter.
Beschilderung: keine
Wegbeschaffenheit: Asphalt, Wald- und Wiesenwege.
Bemerkenswertes: Bismarckturm, Wasser-Hochbehälter, Katzenschlucht.

Startpunkt des Rundwanderwegs ist die *Hohe Buschstraße 33* in Viersen. Über die *Peter-Stern-Allee* mit ihren jungen Lindenbäumen erreichen wir zügig den Bismarckturm (siehe auch unten bei: Tipp). Vorbei am alten Hochbehälter, einem 2000 Kubikmeter fassenden, schmiedeeisernen Trinkwasserbehälter aus dem Jahre 1907, wandern wir bergab und nach ein paar Schleifen durch den Wald wieder bergauf. Zur rechten Hand liegt die Katzenschlucht. Der Blick von oben in die Schlucht ist sehenswert.

Der historische Trinkwasser-Hochbehälter auf den Süchtelner Höhen.

Vor der Carl-Zahn-Hütte biegen wir nach rechts und an der nächsten Kreuzung nochmals nach rechts ab. Jetzt geht es vorbei am Wildgehege in Richtung Irmgardiskaspelle, gebaut zu Ehren der Schutzheiligen Irmgard von Süchteln. Nun geht es die Stufen hinauf und dann links ab. Wenig später treffen wir wieder auf den Wasserspeicher. Vor der Sportanlage wandern wir nach links und dann eine ganze Zeit lang geradeaus. Weiter unten biegen wir links ab und gehen bergan in Richtung Minigolfplatz. Der schmale Weg danach macht einen Bogen nach links. Er ist zwar als Reitweg ausgezeichnet, kann aber auch als Wanderweg benutzt werden. Danach gehen wir wieder nach links. Wir lassen den Sportplatz hinter uns und gelangen an die Eisenbahnbrücke und damit wieder an den Startpunkt der Wanderung.

Aussicht

An den östlichen und westlichen Waldrändern des Höhenzuges Hoher Busch genießt der Besucher bei klarem Wetter einen freien Fernblick bis zum Rhein beziehungsweise zur Maas.

Gewässer

Der Hariksee

Der Hariksee liegt zwischen Schwalmtal und Niederkrüchten. Er entstand in jüngster geologischer Vergangenheit vor etwa 8.000 bis 12.000 Jahren durch Verschiebungen im Erdinnern. Ein architektonisches Highlight am Hariksee ist das pittoreske Inselschlösschen. Mit dem Ausflugsschiff Patschel kann der Besucher eine Seefahrt auf dem Hariksee unternehmen.

Adresse: Wiesenstraße 47, 41372 Niederkrüchten.

Museen

Das Heimatmuseum Süchteln und die Skulpturensammlung Viersen

Das Museum zeigt Exponate aus der Wohnkultur der Süchtelner Bürger des 18. und 19. Jahrhunderts und unterschiedliche Gerätschaften früherer Handwerkskunst der Textilverarbeiter, Sattler und Schuster. Das Museum ist das kleinste seiner Art in Deutschland.

Adresse: Propsteistraße 15, 41749 Viersen-Süchteln, Tel.: 02162 8413, http://soetele.de

Rund um die Städtische Galerie in Viersen mit ihren Ausstellungen über die Kunst in der Region gehört die Skulpturensammlung mit Werken namhafter zeitgenössischer Bildhauer zu den bedeutenden zeitgenössischen Skulpturenparks Deutschlands.

Adresse: Lindenstraße 25, 41747 Viersen, Tel.: 02162 7430, http:// Viersen.de

Tipps

Eine der zahlreichen Freizeitmöglichkeiten auf dem Hohen Busch für Klein (und Groß) ist das *Drachensteigenlassen*. Wem das nicht reicht, der kann auch selber in die Luft gehen. Als Mitfahrer einer Ballonfahrt kann er sich die Viersener Umgebung von oben betrachten. Im Frühling starten die Heißluftballons von der Wiese vor der Sportanlage. Ebenfalls sehr beliebt bei Alt und Jung ist im Winter das Rodeln auf den Süchtelner Höhen.

Das *begehbare Steinlabyrinth* in Viersen ist an die klassische Form des kretischen Labyrinthes angelehnt. Man kann sich nicht verlaufen, denn der Weg führt ganz zwangsläufig zum Ziel in der Mitte. Dort steht ein Apfelbaum. Er markiert das Zentrum des Viersener Labyrinthes, das wiederum auf dem geografischen Mittelpunkt der Stadt liegt. Kleine Kinder finden hier Platz zum Klettern und Laufen und können sich in der Orientierung üben.

Standort: Das Viersener Labyrinth liegt in der Nähe der Abfahrt Nr. 7 Viersen-Dülken an der A 61 und ist ausgeschildert. Die Anlage ist jederzeit frei und kostenlos zugänglich.

Adresse: Aachener Weg, 41747 Viersen.

Für die Kleinen

Das Wildgehege

Für kleine Kinder ist ein Besuch des Wildgeheges eine gute Gelegenheit, den Wald zu erkunden. Von einer Schutzhütte kann das Wild aus sicherer Distanz beobachtet werden. Es gibt hier auch einen Barfußpfad und ein Insektenhotel.

Adresse: Süchtelner Höhen 9, 41749 Viersen.

In der Nähe

Der Bismarckturm und der Steinkreis

Der einzige Bismarckturm am Niederrhein steht im Waldgelände Hoher Busch auf der Wilhelmshöhe, dem mit 84,94 Meter über dem Meeresspiegel höchstgelegenen Punkt Viersens. Der 18,22 Meter hohe Turm zu Ehren des Altkanzlers Bismarck wurde am 28. August 1901 mit den damals üblichen Pauken und Trompeten eingeweiht. Die Besteigung des Turms ist aufgrund von Schäden nicht möglich.

Adresse: Josef-Kaiser-Allee 1, 41747 Viersen.

Direkt am Napoleonischen Nordkanal, der von Neuss über Viersen nach Venlo führte, befindet sich der Steinkreis. Der bekannte Künstler Anatol Herzfeld hat zehn mächtige Findlinge mit verschiedenen Motiven aus dem menschlichen Leben, wie etwa Geburt, Freundschaft und Tod, geritzt und gebohrt.

Adresse: Am Steinkreis, 41748 Viersen.

Einkehr

Gaststätte Waldfrieden, Bockerter Busch 1, 41748 Viersen, Tel.: 0151 57610827, https://waldfrieden-viersen.de

Kalli & Jianni im Höheneck, Düsseldorfer Straße 85, 41749 Viersen, Tel.: 02162 1069909, https://hoeheneck.de/

Camping

Campingplatz Brempt, Kahrstraße 115, 41372 Niederkrüchten, Tel.: 02163 80996, https://campingplatz-brempt.de

Campingforst am Laarer See, Brüggener Straße 27, 41372 Niederkrüchten, Tel.: 02163 8461, https://campingforst-laarersee.com/de/

Die Hinsbecker Schweiz oder Hinsbecker Höhen

Die Hinsbecker Schweiz, auch Hinsbecker Höhen genannt, ist ein Abschnitt des sogenannten Viersener Sprungs, der durch tektonische Bewegungen entstanden ist. Die Höhen sind mit ausgedehnten Wäldern, Feldern und Weiden bedeckt.

Ort

Hinsbeck

Hinsbeck ist ein Stadtteil von Nettetal im Kreis Viersen. Der staatlich anerkannte Erholungsort ist innerhalb der flachen niederrheinischen Landschaft als »Bergdorf« bekannt. Seine städtebauliche Architektur wird wesentlich geprägt durch die Lage am Abhang der Hinsbecker Höhen, von denen das Gebiet landschaftlich bestimmt wird. Hinsbeck liegt am Naturpark Maas-Schwalm-Nette, etwa zwei Kilometer entfernt von den Krickenbecker Seen in der Nähe der deutsch-niederländischen Grenze bei Venlo.

Adresse für Navigation

41334 Nettetal- Hinsbeck, Heide 7.
EPS-Daten: 51.34223371496135, 6.279776768877102.

Öffentlicher Nahverkehr

Von Viersen Busbahnhof mit den Bussen 092 und 095 nach Nettetal, Johannes-straße. Von hier aus Fußweg zu Heide 1.

Wandern in der
Hinsbecker Heide

Zur mittelalterlichen Gerichtsstätte

Ausgangspunkt: Parkplatz Heide, 41334 Nettetal-Hinsbeck, Heide 1.
EPS-Daten: 51.34223371496135, 6.279776768877102.
Typ: Rundweg
Länge: 2,2 Kilometer.
Schwierigkeit: leicht, mit kleinen Steigungen.
Beschilderung: nein
Wegbeschaffenheit: Asphalt, Waldwege.

Wir starten unseren Weg zum Galgen – nein, stopp, zur Gerichtsstätte am Parkplatz Heide links in die Allee, vorbei an einer Grillstation und an einem Spielplatz. Weiter geht es an einem Aussichtspunkt vorbei bis zur Weggabelung. Ein Hinweisschild *Historische Gerichtsstätten – Gerichtsplatz* führt nach rechts in den Wald. Nach kurzer Strecke erreichen wir unsere erste Station, die historische Gerichtsstätte Geer. Das Wort *Geer* bedeutet etwa soviel wie dreieckige Landzunge, auf der sich die Gerichtsstätte befand und an deren Spitze der Galgen stand. Heute bieten Bänke an der Gerichtsstätte die Möglichkeit, die Fantasie spielen zu lassen. Wir halten uns rechts und erreichen nach etwa 250 Metern den Galgenberg. Der Weg wurde extra dunkel angelegt. Er symbolisiert das für die Verurteilten Bedrohliche, die Bedrückung und die Angst der Verurteilten auf ihrem letzten Gang. Für uns ist es zum Glück nur der Weg zur nächsten Station. Auf einer Kuppe an der Hangkante standen früher der Galgen und das Rad, weit sichtbar in der Heidelandschaft. Hier wurden die Urteile vollstreckt. Heute befindet sich an dieser Stelle auf einer kleinen Lichtung ein heller Sandplatz. Der früher unheimliche Ort bietet heute einen schönen Ausblick in die Umgebung.

Wir folgen nun links dem Schild *Historische Gerichtsstätten – Geestekuhl* und gehen den Berg hinunter zum Geisterloch, der dritten Station unserer Wanderung. Nach der Überlieferung wurden die auf dem Galgenberg hingerichteten am nordwestlich gelegenen Hangfuß ins Moor, in die Geestekuhl, gelegt. Von der Geestekuhl führt unser Weg auf den Spuren mittelalterlicher Rechtsprechung zur letzten Station, der Schöffenschlucht. Dazu wenden wir uns nach links. Nach etwa 150 Metern sehen wir an der Kreuzung das Schild *Historische Gerichtsstätten – Schöffenschlucht*. Wir folgen dem kurzen Weg nach links den Berg hoch. Von der Schöffenschlucht ist es jetzt nicht mehr weit zurück zum Parkplatz.

Den schönsten Überblick über die Hinsbecker Höhen und die weitere Umgebung bietet der 29 Meter hohe Aussichtsturm Taubenberg. Die oberste Plattform des Holzturmes befindet sich auf 110 Meter über NN. Von dort hat der Besucher einen weiten Blick auf die Krickenbecker Seen, in die Niederlande und, bei guter Sicht, bis ins Ruhrgebiet.

Adresse: Heide, 41334 Nettetal-Hinsbeck, Parkplätze befinden sich gegenüber der Zirkusjugendherberge in Hinsbeck.

Blick vom Aussichtssturm Taubenberg auf die Hinsbecker Schweiz und die Krickenbecker Seen.

Gewässer

Die Krickenbecker Seen

Ausgetorfte Niedermoore sind die Ursache für die im Mittelalter entstandenen Seen. Schon 1938 wurde der Bereich der Krickenbecker Seen zum Naturschutzgebiet erklärt und gehört damit zu den ältesten Naturschutzgebieten Nordrhein-Westfalens.

Adresse: Krickenbecker Allee 36, 41334 Nettetal.

Museen

Das Dorfmuseum Hinsbeck und das Textilmuseum Die Scheune Viersen

Im Dorfmuseum Hinsbeck werden viele Gebrauchsgegenstände aus früherer Zeit gezeigt, sowohl aus dem bürgerlichen Leben und dem Handwerk, als auch alte Geräte, die beim Ackerbau und der Viehzucht verwendet wurden.

Adresse: Auf der Schomm 1, 41334 Hinsbeck, Tel.: 02153 6520, http://vvvhinsbeck.de

Das Textilmuseum spiegelt die Bedeutung der niederrheinischen Textilmanufaktur wider, insbesondere der lokalen Leinenweberei und Samtweberei im Nettetal. Ausgestellt werden unterschiedliche Spinnmaschinen, Webstühle und andere Textilmaschinen.

Adresse: Krickenbecker Allee 21, 41334 Nettetal-Hombergen, Tel.: 02153 898–4141, http://textilmuseum-die-scheune.de

Tipp

Der Kletterwald Niederrhein

Ob mit der Familie oder mit Freunden, Eltern und Kollegen: im Kletterwald Niederrhein erlebt der Besucher Naturerlebnis und Abenteuer zugleich. Auf einer Fläche von über 20.000 Quadratmetern können neun Parcours mit unterschiedlichen Schwierigkeitsgraden bis zu einer Höhe von 15 Metern erobert werden. Insgesamt 125 Kletterelemente wie Netzbrücken, Bohlen, Schaukeln, Seilbahnen, Surfbrettern und Tarzan-Sprüngen begeistern Erwachsene und Kinder.

Adresse: Heide, 41334 Nettetal, Tel.: 02153 1219019, https://kletterwald.net

Für die Kleinen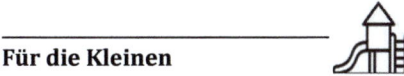

Naturerlebnisgebiet Windmühlenbruch/Nettebruch und Natur-und Tierpark Brüggen

Auf dem Abenteuerspielplatz am Seeufer im Naturerlebnisgebiet Windmühlenbruch/Nettebruch können sich Kinder im Wasser-Matsch-Bereich austoben.

Adresse: Windmühlenweg, 41334 Nettetal.

Neben 250 Tieren aus fünf Kontinenten, die fast ausnahmslos gefüttert und gestreichelt werden können, gibt es im Natur- und Tierpark Brüggen auch einen riesigen Abenteuerspielplatz mit Sommerrodelbahn, elektrischen Pferden, Minigolfanlage, Elektroautos und vielen weiteren Überraschungen.

Adresse: Brachter Straße 98, 41379 Brüggen.

In der Nähe

Die Sequoia-Farm in Nettetal

Die Sequoiafarm Kaldenkirchen ist ein großes Arboretum. Hier begann zu Beginn der 1950er Jahre das Gehölzkundler-Ehepaar Martin mit der ersten systematischen Mammutbaumanzucht in Europa. Heute befinden sich an dieser Stelle 67 Jahre alte Bergmammutbäume, ein einmaliger Hain von Küstenmammutbäumen, Urweltmammutbäume und etwa 400 andere seltene Gehölzarten.

Adresse: Buschstraße 98, 41334 Nettetal, Tel.: 02157 6133, https://sequoiafarm.de

Einkehr
Restaurant Haus Bey, An Haus Bey 16, 41334 Nettetal, Tel.: 02153 9108790, https://restaurant-haus-bey.de

Camping

Campingplatz De Wittsee, Am Wittsee 23, 41334 Nettetal, Tel.: 0163 6050510, https://camping-dewittsee.de/dewittsee

(18) Die drei Höhenburgen am Niederrhein

Ein Widerspruch in exponierter Lage

Nomen est omen, soll heißen: Der Name ist ein Zeichen. Das Zeichen für den Niederrhein ist die Ebene. Wie kommen dann Höhenburgen an den Niederrhein? In einer Landschaft, die so flach ist, dass man heute schon sehen kann, wer übermorgen zu Besuch kommt? Oder gab es da doch ab und zu eine kleine Erhebung, auf die es sich lohnte, eine Burg zu bauen? Ja, solche Erhebungen gibt es tatsächlich am Niederrhein. Befestigte Plätze in exponierter Höhenlage waren leichter zu verteidigen und deshalb bevorzugte Standorte für den Burgenbau. Am Niederrhein gibt es heute drei Befestigungsanlagen in herausragenden Positionen: die Schwanenburg in Kleve, die Burg Wassenberg und die südlichste Höhenburg am Niederrhein, das heutige Schloss Liedberg. Die Burg des Grafen vom Hamaland auf dem Hocheltenberg und die Burg Monterberg auf dem Monterberg bei Kalkar sind hingegen untergegangen.

Orte

Kleve

Kleve ist eine Stadt am unteren Niederrhein an der deutsch-niederländischen Grenze mit 51.800 Einwohnern. Das Stadtgebiet weist mit 106,2 Metern die höchste Erhebung am Niederrhein auf.

Wassenberg

Die Stadt Wassenberg mit seinen 18 300 Einwohnern liegt im Kreis Heinsberg an der Grenze zu den Niederlanden. Ein Teil des Stadtgebiets befindet sich im Tal der Rur (ja, die Rur ohne H), der andere auf dem Wassenberger Horst, einer Hochfläche oberhalb des Rurtales. Wassenberg ist das Eingangstor zu den beiden Nationalparks Maas-Schwalm-Nette und MeinWeg.

Liedberg

Liedberg mit seinen 2200 Einwohnern ist ein Ortsteil der Stadt Korschenbroich im Rhein-Kreis Neuss. Der Ort, der schon in der Steinzeit besiedelt war, liegt auf der Nordseite des gleichnamigen Inselbergs Liedberg.

Die Schwanenburg in Kleve

Nie sollst du mich befragen ...

Auf dem spornartigen Ausläufer eines eiszeitlichen Höhenrückens steht das Wahrzeichen der Stadt Kleve, die Schwanenburg. Die Burg wurde vermutlich im 11. Jahrhundert durch die Grafen und späteren Herzöge von Kleve erbaut. Geprägt vom mächtigen Schwanenturm formt sie die Silhouette der Stadt und ist schon von weitem zu erkennen. Auf dem Turm dreht sich eine Windfahne in Gestalt eines vergoldeten Schwans, der dem Turm seinen Namen gab.
Mit dem großen Vogel verbindet sich die Geschichte vom Schwanenritter Elias, der im 19. Jahrhundert in Richard Wagners Oper Lohengrin weiterlebte und von dem die Grafen von Kleve ihre Herkunft ableiteten. Der Berg, auf dem die Schwanenburg steht, war namensgebend für die später entstehende Siedlung: aus Cleef = *Kliff*, *Klippe*, wurde Kleve.

Adresse für Navigation

47533 Kleve, Schloßberg 1.
EPS-Daten: 51.78679345405172, 6.13916736889729.

Öffentlicher Nahverkehr

Mit dem Bus der NIAG ab Bahnhof Kleve bis Haltestelle Stiftskirche, von hier aus zu Fuß über Nassauerstraße, Goldstraße und Reitbahn zum Schloßberg.

Wandern an der Schwanenburg

Auf dem Prinz-Moritz-Weg

Der Prinz-Moritz-Weg führt vom Fuße der Schwanenburg entlang des Kermisdahls zum Prinz-Moritz-Grabmal.

Ausgangspunkt: Parkplatz 47533 Kleve, Schloßberg 1.
EPS-Daten: 51.78679345405172, 6.13916736889729.
Typ: Strecke, kein Rundweg.
Länge: 3,9 Kilometer
Schwierigkeit: meist eben.
Beschilderung: Wegweiser
Wegbeschaffenheit: Waldwege, Asphalt, Feldwege.
Bemerkenswertes: Schwanenburg, Kermisdahl, Prinz-Moritz-Grabmal.

Wir starten im Schatten der Schwanenburg. Es geht über Stufen den Bleichenberg hinab. Am Fuße der Stufen noch einige Meter der Laufrichtung folgen. Vor der Brücke geht es scharf nach rechts. An der folgenden Wegeteilung den linken Pfad am Kermisdahl-Ufer wählen. Diesem eine ganze Weile folgen. Neben einer Brücke geht es weiter geradeaus. Schließlich führt der Weg vor einer Bundesstraße nach links und unter der Straße her. Man erreicht nun einen Parkplatz, quert ihn, stößt an die Hauptstraße und folgt dieser nach links. Nach ca. 150 Meter darf man die Straße wieder nach links verlassen. Am T-Stück nach rechts wenden. Nach einer Weile schwenkt der Weg nach rechts und führt kurz darauf bergauf nach links. Vor einem Wohngebäude stößt man wieder an die Straße und folgt dieser ca. hundert Meter in Laufrichtung. Dann geht es nach links und man erreicht das Prinz-Moritz-Grabmal. An diesem vorbei wandern wir im Wald bergan. Der Weg knickt nach rechts. Wenig später besteht die Möglichkeit zu einem Abstecher zum historischen Landschaftspark sowie einem kleinen Wildgehege. Dann wieder zurück und nach rechts hinunter zur Straße. Einige Meter nach links endet der Prinz-Moritz-Weg an einem Parkplatz.

Textquelle: Jürgen Weiß, www.wanderwegewelt.de

Aussicht

Die Besteigung des Turms der Klever Burg wird belohnt mit einem Panorama über das Klever Land, die Rheinebene bis in die Niederlande.

Blick von der Klever Burg auf die Stadt.

Gewässer

Der Kermisdahl

Der Kermisdahl ist ein Altrhein-arm am Fuße der Schwanen-burg in Kleve. Das linke Ufer des Stadtstroms bildet ein parkähn-liches Wander- und Radgebiet am Rande des Historischen Land-schaftsparks von Fürst Johann Moritz von Nassau-Siegen. Am rechten Ufer können Tretboote und Kanus gemietet werden.

Museen

Das Geologische Museum im Schwanenturm und das Museum Kurhaus Kleve

Im Schwanenturm befindet sich ein kleines geologisches Museum. Hier geben Mineralien und Fossilien, Auskunft über die vorgeschichtliche Fauna und Flora.

Adresse: Schloßberg 1, 47533 Kleve, Tel.: 02821 22884, https://klevischer-verein.de

Das Museum Kurhaus Kleve beherbergt Kunstwerke vom Mittelalter bis zur Gegenwart. Dabei liegt der Schwerpunkt auf zeitgenössischer Kunst von den 50er Jahren des 20. Jahrhunderts an bis heute.

Adresse: Tiergartenstraße 41, 47533 Kleve, Tel.: 02821 75010, https://museumkurhaus.de

Tipp

Die Historischen Gartenanlagen in Kleve

Ab 1647 wurden am damaligen Stadtrand von Kleve von Kleves brandenburgischem Statthalter Johann Moritz von Nassau-Siegen riesige Park- und Gartenanlagen angelegt. Ein großer Teil davon ist noch erhalten. Die Gartenanlagen gehören zu den schönsten Parkanlagen in Deutschland.

Adresse: Tiergartenstraße 74, 47533 Kleve.

Für die Kleinen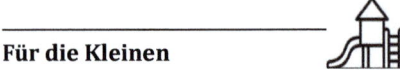

Der Tiergarten Kleve und der Spielplatz an der Jahnstraße

Etwa 300 Tiere mit dem Schwerpunkt auf alte Haustierrassen haben im Tiergarten Kleve ihre Heimat. Hier können die Kinder auf eine Nachtsafari gehen. Dabei beobachten die Kleinen in den frühen Abendstunden das Verhalten der Tiere mit Taschenlampen. Der Streichelzoo und ein Spielplatz sind weitere Stationen und machen den Besuch für die Kinder zu einem tollen Erlebnis.

Adresse: Tiergartenstraße 74, 47533 Kleve, Tel.: 02821 26785, http://tiergarten-kleve.de

Der Spielplatz an der Jahnstraße ist ein großer Spielplatz, dessen zahlreiche Bäume Schatten spenden.

Adresse: Jahnstraße, 47533 Kleve.

Einkehr

Restaurant Königsgarten, Königsgarten 53, 47533 Kleve, Tel.: 02821 13667, http://koenigsgarten-kleve.de

Gaststätte Zu den Kastanien, Alte Bahn 117, 47551 Bedburg-Hau, Tel.: 02821 6366.

Camping

Reisemobilpark Kleve, Landwehr 4, 47533 Kleve, Tel.: 02821 20110, https://campingpark-kleve.de

Die Burg Wassenberg

Hier waren Kaiser Maximilian II. und Kaiser Karl V. zu Gast.

Die Burganlage besteht aus dem Burggebäude und dem viergeschossigen Bergfried, einem ehemaligen Wohnturm. Beide wurden um 1420 erbaut. Ursprünglich handelte es sich bei der heutigen Burg Wassenberg um eine Motte, eine Befestigung auf einem künstlich aufgeschütteten Erdhügel. Die Motte wurde im Laufe der Jahrhunderte zu einer Burg ausgebaut und um 1085 von Graf Gerhard zu seinem Sitz erwählt. Die Altstadt von Wassenberg besticht mit Burganlage, Stadtmauer und einer Vielzahl historischer Gebäude.

Adresse: Auf dem Burgberg 1, 41849 Wassenberg.

Adresse für Navigation

Auf dem Burgberg 1, 41849 Wassenberg.
EPS-Daten: 51.10057407009691, 6.156934072936371.

Öffentlicher Nahverkehr

Vom Busbahnhof Heinsberg mit dem Bus 413 zur Burg Wassenberg.

Wandern an der Burg Wassenberg

Auf dem A3 durch Wassenberg

Ausgangspunkt: 41849 Wassenberg, Roermonder Straße 13.
EPS-Daten: 51.10116203102473, 6.155338790957373.
Typ: Rundweg
Länge: 1,6 Kilometer.
Schwierigkeit: einfach, mit einigen Steigungen.
Beschilderung: Weißes A3 auf schwarzem Grund.
Wegbeschaffenheit: Fußgängerwege, Asphalt, Split, Waldwege.
Bemerkenswertes: Wasserburg und Bergfried.

Vom höher gelegenen Ende des Parkplatzes geht es über Stufen bergan. Nach der Ersten gleich auch die weiteren Treppen erklimmen. Oben angekommen, endet der rotsandige Weg an einer gepflasterten Straße. Hier nach rechts durch ein Tor zur Burggastronomie. Vor dem Restaurant links, abermals über Stufen hinauf zum

Bergfried. Nun erst einmal den Rundumblick genießen und etwas verschnaufen. Auf der anderen Seite des Bergfrieds geht es über Stufen wieder hinab. Am ersten Treppenabsatz rechts abbiegen. Am nächsten Treppenabsatz abermals rechts halten. An der Straße angekommen, wieder rechts abbiegen. Dann über den Fußgängerweg links in die *Propsteigasse*. Nun durch den Immunitätsbogen über den *Stiftsplatz* und durch den Torbogen in *Küsters Garten*.

Dann durch den Mauerdurchlass und sofort nach rechts. Auch danach einige Male rechts halten. Jetzt erreichen wir den Gondelweiher. Auch hier rechts herum über eine Brücke zu einem Café und hinter diesem durch ein Rondell abermals nach rechts wandern. Es geht auf den Verlorenenturm zu und dann rechts um ihn herum. An der Wegeteilung wenig später den linken Zweig wählen. Kurz darauf wieder links halten. Man erreicht eine Hauptstraße und folgt ihr nach rechts. An der abknickenden Vorfahrt links wandern. Kurz darauf wieder links zum *Roßtorplatz* wandern. Über diesen hinweg geht es durch das Roßtor. Noch einige Meter weiter geradeaus und dann nach rechts in die Straße *An der Haag*. Im weiten Rechtsbogen führt sie bergauf zurück zum Parkplatz.

Textquelle: Jürgen Weiß, www.wanderwegewelt.de

Aussicht

Vom Bergfried hat man einen schönen Ausblick über die Rurniederung, bei guter Sicht bis zu den Niederlanden.

Gewässer

Der Effelder Waldsee

Der Effelder Waldsee ist Teil des Internationalen Naturparks Maas-Schwalm-Nette. Im Süden des ehemaligen Baggersees liegt die Ortschaft Effeld. Sie ist bekannt für ihren hervorragenden Spargel und wurde bereits mehrmals als Golddorf ausgezeichnet. In direkter Nähe des Sees liegt der Grenzübergang Rothenbach bei Wassenberg. Er lädt zu einem Kurzbesuch bei den niederländischen Nachbarn ein.

Adresse: Bruchstraße 32, 41849 Wassenberg Effeld.

Museum

Das Begas Haus, Museum für Kunst- und Regionalgeschichte Heinsberg

Das Museum besitzt die bundesweit größte Sammlung von Gemälden, Skulpturen und Grafiken der Künstlerfamilie Begas. In der Abteilung Regionalgeschichte werden historische Objekte und Dokumente sowie wertvolle christliche Schatzkunst und Mobiliar der vergangenen Jahrhunderte ausgestellt.

Adresse: Hochstraße 21, 52525 Heinsberg, Tel.: 02452 977690, https://begas-haus.de

Burg und Bergfried Wassenberg.

Tipp

Wassenberg

Wassenberg ist eine Stadt mit wechselvoller Geschichte. Auf dem rund drei Kilometer langen *Historischen Altstadtrundweg* können die Zeugen der Vergangenheit entdeckt werden. Hierbei wird der Besucher von Hinweistafeln geleitet, die ihm in Wort und Bild Wissenswertes zur historischen Stadtentwicklung erzählen.

Start: Neues Rathaus, Roermonder Straße 25–27, 41849 Wassenberg.

Für die Kleinen

Der Kinderspielplatz Wassermühle Gitstapper Molen

Nördlich des Effelder Waldsees, unmittelbar hinter der niederländischen Grenze, liegt versteckt im Wald die alte Wassermühle Gitstapper Molen. Hier befindet sich neben gastronomischen Betrieben ein großer Kinderspielplatz.

Adresse: Gitstappermolenweg 1, 6063 NT Vlodrop, Niederlande, Tel.: 0475 531410, https://gitstap.nl/, mail@gitstap.nl.

In der Nähe

Der Nationalpark De Meinweg

Der niederländische Nationalpark De Meinweg befindet sich in der Gemeinde Roerdalen, Provinz Limburg, an der Landesgrenze zur Bundesrepublik Deutschland und ist ein Teil des grenzübergreifenden Naturparks Maas-Schwalm-Nette. Im Meinweg gibt es mehrere Wander- und Fahrradrouten.

Adresse: Nationaal Park De Meinweg, Meinweg 2, 6075 NA Herkenbosch, Tel.: +31 475528 500, Niederlande, https://natuurparkenlimburg.nl

Einkehr

Restaurant Braukeller Wassenberg, Am Roßtor 1, 41849 Wassenberg, Tel.: 02432 4910834, http://braukeller-wassenberg.de

Restaurant Ohlenforst, Wassenberg, Kreuzstraße 4, 41849 Wassenberg, Tel.: 02432 20938, http:/restaurant-ohlenforst.de

Camping

Camping Amici Lodges, Waldseestraße 7, 41849 Wassenberg, Tel.: 02432 8969280, https://amicilodges.com

Das Schloss Liedberg

Auf Sandstein gebaut

Zwischen Neuss und Mönchengladbach erhebt sich auffällig aus der flachen niederrheinischen Landschaft die Quarzitkuppe Liedberg bei Korschenbroich. An diesem Ort sind Festgesteine aus dem Tertiär erhalten geblieben, die in der Umgebung im Laufe der Erdgeschichte abgetragen wurden. Auf der Kuppe des Inselberges befindet sich das Schloss Liedberg, das auf den Grundmauern der im 13. Jahrhundert entstandenen Landesburg Liedberg erbaut wurde. Von der ehemaligen Burganlage ist heute nur der Bergfried erhalten. Er steht etwas abseits des heutigen Schlosses, wurde 1572 zur Windmühle umgebaut und heißt deshalb Mühlenturm.
Kurioses: Bei Restaurierungsarbeiten des gotischen Turmmauerwerks machten die

Handwerker in einer Fensternische einen mysteriösen Fund. Hier wurden acht eingemauerte Schuhe entdeckt, drei Frauenschuhe, zwei Kinderschuhe und drei Männerschuhe. Die Schuhe sind etwa 300 Jahre alt und wurden von den Maurern so platziert, dass sie nicht gefunden werden sollten. Es waren sehr kostbare Schuhe, die wahrscheinlich von der Besitzerfamilie stammen. Bei diesem Brauch, der vom 14. bis 19. Jahrhundert gepflegt wurde, mauerte man Schuhe als Schutz für die Gebäude und Personen mit der Spitze nach außen ein, um das Eindringen böser Mächte zu verhindern.

Liedberg ist ein Stadtteil der Stadt Korschenbroich im Rhein-Kreis Neuss. Der Ort liegt auf der Nordseite der gleichnamigen Quartzkuppe. Liedberg gehört mit seinem alten Schloss, dem Marktplatz und seinen Fachwerkhäusern aus dem 18. Jahrhundert zu den schönsten Dörfern Deutschlands.

Adresse für Navigation

An der Tränke, 41352 Korschenbroich-Liedberg.
GPS-Daten: 51.16388748399584, 6.53824479500502.

Öffentlicher Nahverkehr

Mit dem Bus 031 von Mönchengladbach-Europaplatz über Korschenbroich und Pesch nach Liedberg. Von hier aus Fußweg über die Schloßstraße zum Parkplatz *An der Tränke*.

Wandern am
Schloss Liedberg

Kelten, Römer und Napoleon

Ausgangspunkt: Parkplatz An der Tränke in 41352 Korschenbroich-Liedberg. Hier befindet sich auch eine Informationstafel.
GPS-Daten: 51.16388748399584, 6.53824479500502.
Typ: Rundweg
Länge: etwa drei Kilometer.
Schwierigkeit: leicht bis mittel. Der gut begehbare Wanderweg über die Quartzkuppe besteht aus ansteigenden und abschüssigen Abschnitten.
Beschilderung: nein
Wegbeschaffenheit: Waldweg über den Berg, Asphalt auf dem Weg um den Berg.
Bemerkenswertes: Buchenallee, Pfadfindergrab, Schloss Liedberg, Mühlenturm.

Kelten, Römer und Napoleon waren schon in Liedberg. Darum bietet sich hier die seltene Gelegenheit, gleich drei Bauwerke aus drei verschiedenen Epochen in nur fünf Fußminuten zu erreichen. Anlass genug zu einer romantischen Wanderung durch den historischen Ortskern und zu einer hügeligen Waldtour über die Quarzitkuppe.

Vom Parkplatz aus führt ein knapp drei Kilometer langer Wanderweg über die Quarzkuppe. Schon zu Beginn unserer Wanderung oberhalb des Parkplatzes bemerken wir den steilen Aufstieg auf den Berg. Von einer asphaltierten Straße führen einige Treppenstufen direkt in einen wunderbaren Wald. Unterwegs fallen uns die vielen Steilhänge auf, bei denen es sich um ehemalige Steinbrüche handelt. Der Liedberg ist mit Gängen und Schächten durchbohrt wie ein Schweizer Käse. Bis zum Beginn des vorigen Jahrhunderts wurden hier Sandsteine und Quarzitsand abgebaut. Sogar die Mauern des Kölner Doms bestehen zu einem kleinen Teil aus Liedberger Sandstein. Durch den Jahrhunderte langen Untertageabbau entstand nach und nach ein künstliches Labyrinth, das von den Einwohnern Felsenkeller genannt wurde. Die Stollen und Höhlen sind auch heute noch vorhanden, aber nicht mehr zugänglich. Das war nicht immer so, mit grausigen Folgen, wie wir später noch erfahren werden. Auf dem weiteren Weg erkennen wir auf der linken Seite, eingefasst von alten Buchen, einen ringförmigen Graben. Es wird angenom-men, dass hier auf einer Motte eine Wallburg stand.
Vielleicht war es die erste Liedberger Burg. Nach weiteren hundert Metern liegt rechts die größte Grube der Quarzkuppe, die in Liedberg auch römischer Steinbruch genannt wird. Wie bei den anderen Gruben handelt es sich um einen offengelassenen Steinbruch. Links des Weges liegt die alte Buchenallee. Leider ist sie nicht mehr zu passieren, weil immer wieder starker Äste und sogar Stammteile der über 200-jährigen Bäume abbrechen. Es wurde bereits ein neuer Weg angelegt, von dem die wunderschönen, mächtigen Buchen zu sehen sind. Nicht nur für Freunde des Baumes ist der Blick auf die Buchen überwältigend.
Wir gehen den Weg weiter und erreichen eine Gabelung, an der wir uns rechts halten. An der nächsten Gabelung biegen wir dann links ab und treffen auf den Steilhang, der das Schloss von drei Seiten umgibt. Immer am Schloss entlang kommen wir erneut zu einer Gabelung. Hier bleiben wir links und gelangen nach einer weiteren Gabelung zu einer tiefen Bodensenke. Hier liegt das sogenannte Pfadfindergrab, das an ein grausiges Ereignis im hier befindlichen Eingang zum Felsenkeller hinweist.
Eine Gruppe Düsseldorfer Pfadfinder drang während ihrer Sonnenwendfeier in den Berg ein, um dort eine Urkunde zu vergraben. In diesem Moment lösten sich zentnerschwere Gesteinsbrocken von der Decke und begruben drei der Jugendlichen unter sich. Der Jüngste von ihnen wurde am Tag nach dem Unglück aus dem Stollen geholt und in seiner Heimatstadt beerdigt. Weil die Gefahr für die Feuerwehrleute zu groß war, selbst verschüttet zu werden, mussten die Retter zwei Jungen im Berg lassen, wo sie heute noch liegen. Seitdem geht die Legende um, dass die beiden eventuell den Einsturz überlebten, sich aber in den unterirdischen

Gängen verliefen und dort verhungerten. Nach dem Vorfall wurden alle Eingänge zu den Stollen verschüttet. Vom Pfadfindergrab verläuft rechts ein steiler Aufgang über ein paar Treppenstufen zu einem Torbogen, der in den Innenhof des Schlosses führt. Von hier aus verläuft ein Trampelpfad immer geradeaus bis zur Zufahrt des Schlosses, von der man einen guten Blick auf das Schloss hat. Von der Zufahrt zum Schloss geht es zurück in den malerischen Ortskern mit seinen bezaubernden Fachwerkhäusern, dem historischen Dorfplatz mit den gepflegten Fachwerkhäusern. Hier steht, in der Nähe des Schlosses, der vermutlich im 13. Jahrhundert erbaute Mühlenturm. Von hier aus geht es die Straße *An der Tränke* zurück zum Parkplatz.

Alternativ geht eine zweite Tour kinderwagenfreundlich um den Berg. Auch diese Strecke startet an der Hinweistafel zum Naturschutzgebiet oberhalb des Parkplatzes. Da beide Strecken nur jeweils etwa drei Kilometer lang sind, können sie auch kombiniert und nacheinander abgelaufen werden.

Aussicht

Von der Aussichtsfläche des Mühlenturms kann der Besucher einen tollen Blick auf Liedberg und weit darüber hinaus genießen.

Museum

Das Museum Insel Hombroich

Das Museum Insel Hombroich ist ein Paradiesgarten für Natur- und Kunstfreunde. Das Museum, das seit 1987 besteht, ist eingebettet in eine wunderschöne renaturierte Landschaft am Nordufer der Erft. Unter dem Motto: *Kunst parallel zur Natur* ist es ein reines Tageslichtmuseum mit zehn begehbaren, teils als Ausstellungsgebäude genutzten Skulpturen.

Anschrift: Raketenstation Hombroich, 4, 41472 Neuss Hombroich, Tel.: 02182 887 4000, https://inselhombroich.de

Tipp

Der Wasserturm in Mönchengladbach

Der Wasserturm an der Viersener Straße, auch Neuer Wasserturm genannt, ist eines der Wahrzeichen der Stadt Mönchengladbach und einer der schönsten Jugendstil-Wassertürme Deutschlands. Er wurde 1909 fertiggestellt. Der 51 Meter hohe Turm wurde im Jugendstil gebaut. Nach 234 erklommenen Stufen wird man mit einem wunderschönen Ausblick über die Vitusstadt belohnt.

Adresse: Viersener Straße 115, 41063 Mönchengladbach, Tel.: 02166 6882406.
https://new.de/informationszentrum-trinkwasser

Von der Aussichtsfläche des Mühlenturms kann der Besucher einen tollen Blick auf Liedberg und weit darüber hinaus genießen.

Für die Kleinen

Der Erlkönig Spielplatz und der Spielplatz an der Tränke

Adressen: Erlkönig Spielplatz, Am Markt 9, 41352 Korschenbroich,
Tel.: 0172 6006477, https://erlkoenigdesign.de und Spielplatz an der Tränke,
An der Tränke 2, 41352 Korschenbroich.

In der Nähe

Die Bolten Brauerei in Korschenbroich

In der Bolten Brauerei in Korschenbroich wird seit über 700 Jahren Bier gebraut.
Bolten ist nach eigenen Angaben die älteste Altbier-Brauerei der Welt. Die Brauerei
kann nach Terminabsprache besichtigt werden.

Adresse: Rheydter Straße 138, 41352 Korschenbroich, Tel.: 02161 617900,
http://bolten-brauerei.de

Einkehr

Restaurant Liedberger Landgasthaus, Landstraße 19, 41352 Korschenbroich, Tel.: 02166 87294, https://llgh.de

Restaurant Im alten Brauhaus, Am Markt 5, 41352 Korschenbroich, Tel.: 02166 81518, https://im-alten-brauhaus.de

---

Camping

Wohnmobilstellplatz An der Tränke 14, 41352 Korschenbroich-Liedberg.

Camping mit Herz, Sankt-Bernhard-Straße 30, 41516 Grevenbroich, Tel.: 0172 2702093, https://camping-mit-herz.de

⟨19⟩ Der Eltenberg bei Emmerich und der Bergherbos

Die grenzüberschreitende Stauchmoräne

Zwischen dem niederländischen Montferland und dem deutschen Emmerich, wo der Rhein die Grenze überquert, erhebt sich im Flachland ein bewaldeter Kamm, das grenzüberschreitende Naturschutzgebiet Eltenberg-Bergherbos. Die abwechslungsreiche Natur mit wunderschönen Wäldern und üppigen Feldern bietet spektakuläre Blicke auf die beiden Länder. Der höchste Punkt im Naturschutzgebiet Bergherbos ist mit 93 Metern der Hettenheuvel.
Auf der deutschen Seite erreicht der Eltenberg eine Höhe von 82 Metern. Auf seiner Kuppe steht die über 1.000 Jahre alte St. Vitus Stiftskirche. Zur Wasserversorgung diente der 57 Meter tiefe, ebenfalls über 1.000 Jahre alte Drususbrunnen. Unmittelbar hinter der Vituskirche steht das aus einem 50 Tonnen schweren Granitquader geschaffene Steintor mit zwei je 6,80 m hohen Flügeln. Es eröffnet den Blick über das Rheintal mit dem 350 Jahre alten barocken Klever Garten und ist ein sehr beliebter Ausgangspunkt für Wanderer, Besucher und Reisegruppen.

Orte 🏠

Elten

Elten ist ein Stadtteil der Stadt Emmerich mit rund 4.700 Einwohnern, darunter auch viele Niederländer. Neben zwanzig anderen deutschen Gemeinden gehörte

Elten von 1949 bis 1963 zu den Niederlanden. Die Bundesstraße 8 beginnt bei Elten und führt 800 Kilometer durch Deutschland bis nach Passau an der österreichischen Grenze.

Emmerich

Die Hansestadt Emmerich liegt am rechten unteren Niederrhein. Als mittlere kreisangehörige Stadt gehört sie zum Kreis Kleve. Im Westen und Norden wird sie durch die Staatsgrenze zu den Niederlanden begrenzt. Emmerich am Rhein mit seinen etwa 30.700 Einwohnern hat eine vielseitige Industrie mit namhaften Firmen, ist Verwaltungsstadt und Dienstleistungszentrum.

Montferland

Die Gemeinde der niederländischen Provinz Gelderland liegt in der Region Liemers. Sie hat etwa 36.000 Einwohner. Montferland liegt südwestlich von Doetinchem und östlich von Zevenaar, unmittelbar an der Grenze zum deutschen Bundesland Nordrhein-Westfalen unweit von Elten und Emmerich am Rhein.

Adresse für Navigation

Eltenberg, 46446 Emmerich-Elten.
GPS-Daten: 51.86719604627502, 6.167053200835661.

Öffentlicher Nahverkehr

Mit dem Bus 94 von Emmerich Hansastraße nach Emmerich Elten Berg.

Wandern am Eltenberg

Neben mehreren grenzüberschreitenden Wanderrouten im Bereich Eltenberg-Bergherbos beschränken sich die beiden nachfolgenden Touren auf den Eltenberg.

Ausgangspunkt: Kneipp-Park in der Luitgardisstraße in 46446 Emmerich am Rhein.
GPS-Daten: 51.86862211441371, 6.17488224006458,
Typ: Rundweg
Länge: 4,6 Kilometer.
Schwierigkeit: mittel
Beschilderung: A0
Wegbeschaffenheit: überwiegend Asphalt.

Der Rundwanderweg ist durchweg mit der Nummer A0 gut ausgeschildert. Wir beginnen unsere Wanderung am Kneipp-Park in der *Luitgardisstraße* in Hochelten. Hinter dem ehemaligen Hotel auf der Heide geht es links ab auf dem *Pieterpad*, an der Südflanke des Eltenbergs entlang, mit Blick über das Rheintal. Zurück wandern wir entlang der Wild, eines Altarms des Rheins, deren Tal sich am Fuß des Eltenbergs zu einem kleinen See verbreitet. Vor dem Ziel passieren wir noch das Pannekoekhuys, ein beliebtes Ausflugslokal mit schöner Außenterrasse.

Blick von Hochelten nach Emmerich und auf die Emmericher Rheinbrücke.

Ausgangspunkt: Parkplatz an der Tourist Information Elten, Lindenallee 31, 46446 Emmerich am Rhein.
GPS-Daten: 51.86492713891047, 6.173123262155581.
Typ: Rundweg
Länge: 2,7 Kilometer
Schwierigkeit: leicht
Beschilderung: A6
Wegbeschaffenheit: überwiegend Asphalt.

Der Startpunkt ist in Hoch-Elten an der Tourist Information. Wir starten die kleine Runde auf der Straße *Freiheit*. Die Route ist durchgängig mit der Nummer A6 ausgeschildert. Es geht vorbei am Drususbrunnen, der St. Vituskirche und dem Steintor und dann in Richtung Wald. Hier folgen wir dem Weg bis zum Englischen Hügel. Von dort aus weiter bis zur *Emmericher Straße*. Nun rechts in die *Seminarstraße* abbiegen und noch einmal rechts in die *Lindenallee*. Über die *Birkenallee* wandern wir dann zurück zum Startpunkt in Hoch-Elten.

Auf dem Eltenberg eröffnen sich dem Besucher Sichtachsen, die bei klarem Wetter einen uneingeschränkten Blick bis nach Emmerich erlauben. Auf dem 82,4 Meter hohen Hulzenberg bei Stokkum auf niederländischer Seite steht ein 26,5 Meter hoher Aussichtsturm. Der Aufstieg wird mit einer tollen Aussicht über die weite Umgebung belohnt. Man kann bis Elten, zur Emmericher Rheinbrücke und bis nach Kleve sehen. Bei klarer Sicht sogar bis Arnheim und Nimwegen.

Adresse: Hulzenberg, 7037 Beek Gem. Montferland, Niederlande.

Weitere Aussichtspunkte in Emmerich sind: *Der steile Weg*, 46446 Emmerich am Rhein und *Freiheit*, 46446 Emmerich am Rhein.

Museen

Das Rheinmuseum Emmerich und das Museum für Kaffeetechnik

Im Rhein- und Schifffahrtsmuseum kann der Besucher 150 verschiedene Schiffs-modelle, Radaranlagen, Schiffssimulator, ein U-Boot, Steuerhaus und Steuerstand besichtigen und in der stadtgeschichtlichen Abteilung vieles über Emmerich und seine Umgebung erfahren.

Adresse: Martinikirchgang 2, 46446 Emmerich am Rhein, Tel.: 02822 75 1900, http:/rheinmuseum@stadt-emmerich.de

Der Grundstein für industrielle Kaffeeveredelung wurde nicht in Hamburg oder Bremen gelegt, sondern in Emmerich am Rhein. Seit 140 Jahren versorgt Probat die Welt mit Röstmaschinen. Auf über 600 Quadratmetern zeigt das Museum eine Sammlung sehr unterschiedlicher, für die Kaffeeverarbeitung bedeutsamer Gegen-stände.

Anschrift: Reeser Straße 94, 46446 Emmerich am Rhein, Tel.: 02822 9120, https://probat.de

Tipp

Der Barfußpfad Hoch-Elten

Ob große oder kleine, junge oder alte, ob Senk- oder Spreizfüße – alle können auf einer 1,8 Kilometer langen Strecke im Emmericher Ortsteil Hochelten verschiedene

Untergründe ertasten. Also, Luft an die Füße lassen und seinen Kreislauf mal wieder auf Trab bringen.

Adresse: Luitgardisstraße 17, 46446 Emmerich am Rhein, https://kneippverein-elten.de

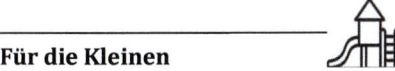

Für die Kleinen

Der Naturerlebnis-Spielplatz am Waldesrand in Beek (NL) im Erholungsgebiet Eltenberg-Bergherbos.

Adresse: Parkplatz `t Peeske, Peeskesweg 12, 7037 CH Beek. https://eltenberg-bergherbos.de/ontdek/highlights/naturspielplatz-peeske/?lang=de

In der Nähe

Die Golden Gate vom Niederrhein

Die Rheinbrücke in Emmerich ist die nördlichste deutsche Rheinbrücke und mit 803 Metern die längste Hängebrücke Deutschlands. Mit 500 Metern hat sie die größte Stützweite einer Brücke in Deutschland. Ihre Architektur und ihre rot gestrichenen Pylone erinnern an die Golden Gate Bridge in San Francisco.

Adresse: Emmericher Straße, 47533 Kleve.

Einkehr

Eltener Wirtshaus, Klosterstraße 2, 46446 Emmerich am Rhein, Tel.: 02828 9032532, https://wirtshaus-elten.de

Gaststätte Pannekoekhuys, Van-der-Renne-Allee 2A, 46446 Emmerich am Rhein, Tel.: 02828 1793, https://pannekoekhuys-hochelten.nl/de

Camping

Sprungmann-Franken GbR Campingplatz, Brahmberg 3, 46446 Emmerich am Rhein, Tel.: 0170 4424287, https://campingplatz-brahmberg.de

Campingplatz Philipoom, 46446, Wildweg 50, 46446 Emmerich am Rhein, Tel.: 02828 2524.

Der Kaiserberg in Duisburg

In kaiserliche Höhe

Im Duisburger Stadtteil Duissern befindet sich der Kaiserberg, der ursprünglich auch Duissernscher Berg hieß. Er ist der nordwestliche Ausläufer des rechtsrheinischen Schiefergebirges. Die mit altem Baumbestand bestandene Anhöhe mit knapp 80 Meter über NN bildet einen Teil des Duisburger Stadtwaldes. Auf Teilen des Kaiserberges befindet sich seit 1934, ebenfalls in Duissern, der über die Grenzen Duisburgs hinaus bekannte *Zoo Duisburg*.

Für die Duisburger Bürger ist der bewaldete Hügel ein sonntägliches Ausflugsziel und ein Ort für Freizeitaktivitäten. Die Wege sind zu allen Jahreszeiten gut begehbar und eignen sich deshalb hervorragend zum Wandern, Spazieren, Nordic Walking und zum Joggen.

Manche kommen aber auch nicht ganz so gerne zum Kaiserberg; hier haben der TÜV und das Arbeitsamt ihren Standort ...

Orte

Duisburg

Mit seinen Stadtteilen links und rechts des Rheines sowie der Mündung der Ruhr in den Rhein gehört Duisburg sowohl zum Ruhrgebiet als auch zum Niederrhein. Die Stadt besitzt den größten Binnenhafen der Welt. Duisburg ist nach wie vor europäischer Stahlstandort Nummer Eins.

Mülheim an der Ruhr

Mülheim an der Ruhr ist eine kreisfreie Großstadt im westlichen Ruhrgebiet. Sie liegt zwischen den angrenzenden Oberzentren Duisburg und Essen sowie der nahe gelegenen Landeshauptstadt Düsseldorf. Mülheim, Kettwig und Werden zählen historisch zu den nördlichsten Regionen des Bergischen Landes. Nach der Schließung der Zeche Rosenblumendelle im Jahre 1966 war Mülheim die erste bergbaufreie Großstadt des Ruhrgebiets.

Adresse für Navigation

Parkplatz Zoo Duisburg, Carl-Benz-Straße 11/ Mülheimer Straße, 47058 Duisburg. GPS-Daten: 51.44059896264378, 6.807921894263751.

Öffentlicher Nahverkehr

Von Duisburg Hauptbahnhof mit der Straßenbahn Linie 901 zum Zoo Duisburg.

Wandern am Kaiserberg

Ausgangspunkt: Parkplatz Zoo Duisburg, Carl-Benz-Straße 11 / Mülheimer Straße, 47058 Duisburg.
GPS-Daten: 51.44059896264378, 6.807921894263751.
Typ: Rundweg
Länge: etwa elf Kilometer
Schwierigkeit: leicht
Beschilderung: weißer Kreis auf schwarzem Grund.
Wegbeschaffenheit: Fußgängerwege, Asphalt, Waldwege.
Bemerkenswertes: Alter Steinbruch.

Startpunkt ist der Duisburger Zoo. Von hier aus wandern wir zur *Bahnstraße*, die wir ebenso wie die Autobahn A 3 kreuzen. Nun geht es rechts in den *Eselsbruchweg*, über den wir an den *Forsthausweg* gelangen. Dem folgen wir nach links und biegen gleich wieder nach rechts in den *Krähenweg* ab. Wir überqueren jetzt einen kleinen Bach, gelangen zum *Kammerweg* und gehen an der nächsten Abbiegung halbrechts in den *Amselsteig*. Dadurch nähern wir uns wieder der A3. Hier geht der Amselsteig in den *Rehweg* über. An einer Gabelung wandern wir nicht geradeaus in den *Steinbruchweg*, sondern kurz nach rechts und wieder nach links in den *Dachsweg*.
So erreichen wir den alten Steinbruch im Duisburger Stadtwald. Schon im Mittelalter lieferte der Steinbruch Sandstein für städtische Bauten, wie für die Erweiterung der Stadt Duisburg. Etwas versteckt, südlich des Steinbruches, befindet sich ein alter Stolleneingang, der im Volksmund auch Schinderhanneshöhle genannt wird. Hier soll sich angeblich Schinderhannes niederrheinischer »Berufskollege«, Mathias Weber aus Grefrath, der auch als »Der Fetzer« bekannt war, zeitweise mit seinen Männern versteckt haben.
Der Steinbruch ist seit 1874 nicht mehr in Betrieb. Vom Steinbruch und dem Dachsweg geht es jetzt links wieder auf den Rehweg und über die *Uhlenhorststraße* (L 138) weiter auf dem Rehweg zum Forsthaus Curtis, 1871 erbaut vom Industriellen Julius Curtius, einem der Gründer der Duisburger Kupferhütte. Jetzt gelangen wir, immer noch auf dem Rehweg, links auf den *Worringer Reitweg*. Diesem folgen wir bis an den Rand von Speldorf. Jetzt geht es langsam wieder hinein in den Duisburger Stadtwald. Vorbei am Gelände des Forsthauses Aktienberg gelangen wir wieder auf den Forsthausweg und rechts auf den Eselsbruchweg, dem wir, wie auf der Hinstrecke, zurück zum Duisburger Zoo folgen.

Der nördlichste Ausläufer des Kaiserbergs verjüngt sich und nimmt dadurch die Form eines Entenschnabels an. Daher hat der Ausläufer seinen Namen *Schnabelhuck*. Hier liegt die gleichnamige Aussichtsplattform.

Von hier hat man eine 1a-Panorama auf die industrielle Seite des Duisburger Nordens. Der Blick reicht vom Kühlturm des Kraftwerks in Walsum, auf die Sinteranlage von Thyssen-Krupp in Bruckhausen, die Kirche in Meiderich, die Hochöfen in Schwelgern, bis auf das Kraftwerk in Voerde.

Adresse: Am Schnabelhuck 24, 47058, Duisburg. Von der Gottfried-Kinkel-Straße kommend über einen Waldweg und am Ende über 78 steinerne Stufen hinauf zum Plateau.

Blick vom Aussichtspunkt Kaiserberg in Richtung Duisburger Norden.

Die Sechs-Seen-Platte in Duisburg

Das beliebte Naherholungsgebiet ist der ideale Platz, um seine Freizeit zu verbringen: Schwimmbad, Reitpfade, Spielplätze und ganze 25 Kilometer Spazierwege garantieren eine wohltuende Auszeit von städtischer Hektik.

Vom 22 Meter hohen, stählernen Aussichtsturm Wolfsberg hat der Besucher einen fantastischen Ausblick auf das grüne Duisburg (ja, das gibt es tatsächlich!).

Adresse: Masurenallee oder Kalkweg, 47279 Duisburg.

Museum

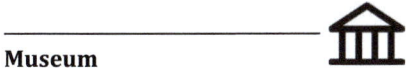

Das Lehmbruck-Museum in Duisburg

Der Schwerpunkt des Lehmbruck-Museums liegt auf dem Werk des Bildhauers Wilhelm Lehmbruck aus Meiderich. Eine weitere Sammlung zeigt internationale Skulpturen der Moderne und Skulpturen, Plastiken und Malereien des deutschen Expressionismus.

Adresse: Düsseldorfer Str. 51, 47051 Duisburg, Telefon: 0203 2832630, https://lehmbruckmuseum.de

Tipp

Der Zoo Duisburg

Der Zoo Duisburg ist bekannt für sein Delfinarium und die in Deutschland erste dauerhafte und lange Zeit einzige Haltung und bis heute einzige Zucht von Koalas. Daneben werden zahlreiche zoologische Raritäten gehalten.

Adresse: Mülheimer Straße 273, 47058 Duisburg, Tel.: 0203 60444250, https://zoo-duisburg.de

Für die Kleinen

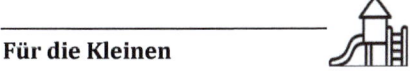

Der Waldspielplatz Monning, ein Spielplatz im Wald mit hellen Holzgeräten.

Adresse : Schafsweg 25, 47058 Duisburg-Neudorf.

In der Nähe

Der Wasserbahnhof in Mülheim an der Ruhr

Der Wasserbahnhof in Mülheim an der Ruhr ist der Heimathafen der Weißen Flotte. Von hier aus kann der Besucher seit fast hundert Jahren während einer gemütlichen Schifffahrt bis nach Essen-Kettwig das Ruhrtal genießen. Ein beliebtes Fotomotiv ist die vorgelagerte Blumenuhr auf der Insel der Ruhrschleuse.
Zu empfehlen ist dabei ein Spaziergang durch die nahe gelegene historische Altstadt von Kettwig.

Adresse: Alte Schleuse 1, 45468 Mülheim an der Ruhr.

Duisburgs Lindenwirtin, Mülheimer Straße 203, 47058 Duisburg, Tel.: 0203 333370, https://duisburgs-lindenwirtin.de

Kartoffel-Kiste, Schweizer Straße 105, 47058 Duisburg, Tel.: 0203 333827, https://kartoffel-kiste.com

Haus Kaiserberg, Hohenzollernstraße 11, 47058 Duisburg, Tel.: 0203 3635198, https://haus-kaiserberg.eatbu.com

Camping

Parkplatz Sechs-Seen-Platte, Kalkweg 250, 47279 Duisburg, kostenloser Parkplatz. Übernachtung nicht möglich.

Camping Staader Loch, Mintarder Straße 250, 45481 Mülheim an der Ruhr, Tel.: 0208 480325, https://geo.muelheim-ruhr.de

(21) Der Aaper Wald bei Düsseldorf

Opferplatz oder Zufluchtsstätte?

Der Aaper Wald mit seinem großen alten Baumbestand ist eine Oase für Wanderer, Radfahrer und Reiter. Sein Name hat nichts mit Affen (Düsseldorfer Mundart: Aape) zu tun. Er stammt wahrscheinlich von dem altgermanischen Wort *apa*, das soviel wie Wald am Wasser bedeutet.

Inmitten des Aaper Waldes in Düsseldorf befindet sich auf einer Hügelkuppe, wie geschaffen für einen Versammlungsort, eine steinzeitliche Ansammlung von Quarziten, die sogenannten *Frauensteine*. Seit jeher ranken sich mythische Geschichten und Sagen um die ehemalige Bedeutung dieser geheimnisvollen Steingruppe, die auch Witte Wiewerkes (weiße/weise Weiberchen), Weiße Frauen oder Siebenstein genannt werden. In früher Zeit dienten sie als Opferstätte, als Zufluchtsort oder als germanische Freiluft-Kultstätte.

Lange wurde vermutet, dass die Steine während der letzten Eiszeit von Gletschern an ihren heutigen Platz geschoben wurden. Tatsächlich handelt es sich um Quarzite, die sich vor rund zehn Millionen Jahren in der Region gebildet haben.

Die steilen Rampen im Aaper Wald – insgesamt 90 Meter Gesamtanstieg – sind nicht nur für Amateursportler eine Herausforderung.

Ort

Düsseldorf

Düsseldorf ist seit 1946 Landeshauptstadt von Nordrhein-Westfalen. Die Stadt am Rhein präsentiert sich mit einer attraktiven Stadtarchitektur und steht mit ihrer weit bekannten und beliebten Altstadt für rheinisches Lebensgefühl. Sie ist eine der lebenswertesten Städte Deutschlands.

Adresse für Navigation

Hülsmeyerstraße, 40629 Düsseldorf.
GPS-Daten: 51.25861111158192, 6.864738426546255.

Öffentlicher Nahverkehr

Von Düsseldorf Hbf mit dem Bus 738 bis Schellbergweg Düsseldorf, dann 10 Minuten Fußweg bis Hülsmeyerstraße.

Wandern im Aaper Wald

Typ: Rundwanderweg
Länge: etwa 11 Kilometer.
Schwierigkeit: mittel. Stetig ansteigende und absteigende Wege erfordert etwas Kondition.
Beschilderung: teilweise A2.
Wegbeschaffenheit: Waldwege, Asphalt.
Bemerkenswertes: Frauensteine, Rather Blick.

Wir starten am Ende der *Hülsmeyerstraße* am Kindergarten und gehen nach links zum asphaltierten Feldweg. Dem folgen wir geradeaus, wandern bergab und nehmen auf der gegenüberliegenden Seite des Querweges den Trampelpfad am Kleingarten und gehen bergauf, bis wir an eine Wiese gelangen. Die überqueren wir in Richtung Pferdehof Gut Grütersaap – Vorsicht vor kreuzenden Segelflugzeugen. An seiner Bewirtungsstelle durchqueren wir das Gut Grütersaap, gehen links an den Pferdeboxen entlang und folgen dann geradeaus dem Weg zwischen zwei Weiden. Es geht bergab, mit Aussicht auf Ratingen. Unterhalb der Pferdeweide, am Ende des Weges, gehen wir rechts ab und folgen dem Reitweg in den Wald. Hier geht es den rechten Weg bergan bis zu einem breiteren Waldweg. Jetzt wandern wir nach rechts und kommen an eine Wegekreuzung mit einem Schild *Mauspfad*. Hier gehen wir den *Neanderlandsteig* links bergab, bis wir auf der linken Seite an ein umzäuntes Grundstück gelangen. Hier steht ein abgebrochener Baumstamm mit Neanderlandsteigzeichen. Den Neanderlandsteig verlassen wir hier und wandern links am Baumstamm den Weg hoch, ein Stück an einer Wiese entlang und schließlich den rechten Weg abwärts an einem umzäunten Grundstück vorbei. Der Weg trifft auf einen Waldwanderweg hinter einer Schranke, dem wir dann nach rechts folgen. Nun überqueren wir die Straße *Bauenhäuser Weg*, bewegen uns links den Berg hoch und gelangen zur ersten Tränke. Von hier aus geht es weiter den Waldweg hinauf und bleiben auf dem Weg links des Reitweges. Der Weg entfernt sich nach einer Rechtskurve ein Stück der Pferdeweide und verläuft zum *Aaper Höhenweg*. Auf dem gehen wir weiter bis zu einer Kreuzung. Hier steht ein Wanderschild und eine zweite Wassertränke. An der folgten wir dem *Marxsteig* (markiert durch einen Stein), der dann bergab bis zu einer Schutzhütte verläuft. Hinter der Hütte geht es nach links auf den *Wilhelm Suter Pfad* aufwärts.

Oben angekommen erreichen wir die Frauensteine, an denen, bevor die Treppe angelegt wurde, Generationen von Spaziergängern achtlos vorbeigegangen sind.

Die Frauensteine im Aaper Wald sind ein Kraftort.

Hinter diesem Kraftort geht es auf dem linken Weg weiter, bis wir auf den Wanderweg A2 treffen. Diesem folgen wir nach rechts, wandern darauf weiter, in mehreren Kurven vorbei an einer Wassertrinkstelle zum Aussichtspunkt *Rather Blick*, einem Highlight dieser Wanderung. Von hier aus genießen wir (bei gutem Wetter) die schöne Aussicht auf Düsseldorf. Weiter geht es bis zum Wanderparkplatz an der

Rennbahn. Jetzt verlassen wir den Wanderweg A2 und überqueren den Parkplatz bis zu einer Bauernhofverkaufsstelle. Hier begeben wir uns auf den schmalen Weg bis zur gegenüberliegenden Kastanienallee. Auf dieser wandern wir nun so lange links der Rennbahn und dem Golfplatz entlang, bis ein Weg rechts abbiegt, der uns einen Blick auf ein Feld und einen Reiterhof gewährt. Wenn wir die nächste Wegkreuzung erreicht haben, biegen wir am Golfplatz links ab, bis zum Wald.

Hier treffen wir auf ein Wanderschild. Jetzt führt ein Weg nach links hoch zum Segelflugplatz, ein zweiter Weg rechts hoch durch den Wald zum Stadtteil Ludenberg. Wir gehen den mittleren Weg, der uns aus dem Wald herausführt und in Abständen an einem Wasserlauf vorbeiführt. Wir passieren jetzt ein freies Geländestück, an dessen Ende sich auf der linken Seite ein Tümpel befindet. Hier treffen wir wieder auf einen Wald. Den Weg wandern wir jetzt geradeaus, bis wir nach kurzer Zeit auf der linken Seite eine mächtige Eiche erreichen. Etwas dahinter verläuft rechts zwischen den freien Hügeln ein Trampelpfad hoch und verläuft entlang an einem Waldstück, bis dann die ersten Häuser und der Spielplatz hinter dem Kindergarten sichtbar werden. Vom Spielplatz gelangen wir zur *Hülsmeyerstraße*, dem Ende der Wanderung.

Aussicht

Der Rather Blick

Wer hier oben an einem klaren Wintermorgen steht, kann weit blicken. Das Auge reicht über die Rather Kirchtürme hinweg.

Adresse: Aaper Höhenweg, 40472 Düsseldorf.

Gewässer

Der Blaue See in Ratingen

Der Blaue See in Ratingen liegt in einem idyllischen, waldreichen Landschaftsschutzgebiet. Das Freizeitgelände mit vielen Angeboten für die ganze Familie läd zum Verweilen ein.

Adresse: Zum Blauen See 20, 40878 Ratingen.

Museen

Die Kunstsammlung Nordrhein-Westfalen und die Classic Remise Düsseldorf

Die Kunstsammlung Nordrhein-Westfalen ist die Kunstsammlung des Landes Nordrhein-Westfalen. Sie zeigt Werke der klassischen Moderne und Gegenwartskunst.

Adresse: Ständehausstraße 1, 40217 Düsseldorf, Tel.: 0211 8381204,
https://kunstsammlung.de

In einem ehemaligen Lokschuppen werden Automobile Raritäten aus verschiedenen
Zeiten ausgestellt und verkauft. Auch die Geschichte von Motorrädern und Fahrrä-
dern wird in der Classic Remise Düsseldorf dokumentiert. Fachwerkstätten, Shops
und eine Gastronomie mit Außenterrasse runden das Angebot ab.

Adresse: Harffstraße 110a, 40591 Düsseldorf, Tel.: 0211 22950570,
https://remise.de/duesseldorf

Tipp

Die Gehry-Bauten im Düsseldorfer Medienhafen – eine Schlossanlage der Modernen?

Wenn im Düsseldorfer Medienhafen Gebäude wie Kartenhäuser zusammenzufallen
scheinen, dann könnte das an zu vielen Gläsern Düsseldorfer Alt-Bieres liegen. Drei
Bauten im neuen Düsseldorfer Hafen verwirren nämlich das Auge des Betrachters.
Alle Wände sind krumm und schief, verwinkelt und verschachtelt. Eine Symmetrie
ist nirgendwo zu finden. Die kippenden Wände scheinen sich zu bewegen. Eigentlich
müssten sie jeden Augenblick umfallen – ein Wunder, dass sie überhaupt stehen
bleiben.
Nein, der Betrachter ist völlig nüchtern. Er steht vor dem Gebäudeensemble *Neuer
Zollhof*, in Düsseldorf, nur Gehry-Bauten genannt. Bei der Umgestaltung des alten
Rheinhafens wurde in der Landeshauptstadt, anders als in anderen Städten, keine
Flächensanierung betrieben, sondern Grundstück für Grundstück individuell behandelt. Der Architekt Frank O. Gehry, ein Superstar in der weltweiten Architekten-
welt, machte kurz vor der Jahrtausendwende mit seinem typischen dekonstruk-
tivistischen Stil die drei tanzenden Büroräume zu einem modernen Wahrzeichen
von Düsseldorf.

Adresse: Neuer Zollhof 3, 40221 Düsseldorf.

Für die Kleinen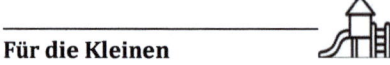

Der Spielplatz Aaper Wald

Auf dem großen Spielplatz Aaper Wald finden Kinder aller Altersgruppen
etwas Passendes.

Adresse: Rather Steig, 40472 Düsseldorf.

Die Galopprennbahn Grafenberg

Die in einem großen Waldgebiet gelegene Rennbahn ist zweifellos eine der schönsten Pferdesportanlagen in Deutschland mit einer einzigartigen Atmosphäre. Sie ist eine der ganz wenigen Rennstrecken in der Welt mit unebenem Parcours, also eine an- und absteigende Rennstrecke.

Adresse: Rennbahnstraße 24, 40629 Düsseldorf, https://duesseldorf-galopp.de

Einkehr

Restaurant Buschhausen am Aapener Wald, Oberrather Straße 71, 40472 Düsseldorf, Tel.: 0211 651854, https://buschhausen-aaperwald.de

Hauks Grill-Restaurant, Oberrather Straße 75, 40472 Düsseldorf, Tel.: 0211 654008, https://haucks-restaurant.de

Camping

Campingplatz Süd, Am Kleinforst 250, 40627 Düsseldorf, Tel.: 0211 8992038, https://unterbachersee.de

Wohnmobilstellplatz Düsseldorf, AlpacaCamping, Gödinghover Weg 80, 40627 Düsseldorf, Tel.: 01575 8156604, https://alpacacamping.de

(22)

Halden am Niederrhein

Künstliche Berge mit Geschichte

Berge entstehen durch die Bewegungen der Kontinentalplatten oder durch vulkanische Vorgänge. Nicht so im Ruhrgebiet und am Niederrhein. Hier »macht« man sich seine Berge (am Niederrhein auch seine Seen) selbst. Allerdings haben sie einen anderen Namen, hier heißen sie Halden. Berghalden im Ruhrgebiet, ok – aber am Niederrhein? Ja, auch der Niederrhein war teilweise ein Zechen-Standort und auch hier wurden Gesteinsberge aufgeschüttet. Die Halde Norddeutschland zum Beispiel ist die ehemalige Bergehalde des Bergwerks Niederberg in Neukirchen-Vluyn. Im Zuge der Renaturierung sind viele von ihnen mit begehbaren Installationen zu sogenannten Landmarken gestaltet worden. Nicht alle Halden entstanden durch Abraumgestein aus dem Bergbau. Andere, wie die Rheydter Höhe in Mönchengladbach oder der Inrather Berg in Krefeld sind Schuttberge aus Trümmern, die die Bombardierung der Städte hinterlassen hat.

Geologisch gesehen gehören die »gemachten« Berge natürlich nicht zum Niederrheinischen Höhenzug und auch nicht zu den Süchtelner Höhen. Aber mit beiden haben sie gemeinsam, dass auf den meisten von ihnen gewandert werden kann und von deren Höhen man herrliche Ausblicke auf die nahe und ferne Landschaft hat.

Der Kapuzinerberg in Krefeld

Der Acht-Kirchenblick

Der Kapuzinerberg ist eine ehemalige Müllhalde der Stadt Krefeld und damit gewissermaßen ein Wohlstandsberg.

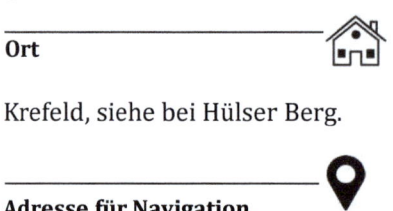

Ort

Krefeld, siehe bei Hülser Berg.

Adresse für Navigation

Parkplatz Flünnertzdyk/Ecke Langen Dyk, 47803 Krefeld.
GPS-Daten: 51.36146208207146, 6.543981797759924.

Öffentlicher Nahverkehr

Mit dem Bus 057 von Krefeld Hauptbahnhof nach Krefeld Grabeskirche/Kapuzinerkloster. Dann etwa ein Kilometer Fußweg auf der Straße Flünnertzdyk nach Langen Dyk/ Ecke Flünnertzdyk.

Wandern am Kapuzinerberg

Siehe nachfolgend Wandern am Inrather Berg: Der Zwei-Gipfel-Weg.

Aussicht

Oben auf dem Kapuzinerberg steht ein imposantes Gipfelkreuz, hinter dem eine Bank zu einer kleinen Pause einlädt. Von hier hat der Besucher eine freie Sicht über die Skyline von Krefeld und bei gutem Wetter bis nach Düsseldorf und Grevenbroich. Ortskundige können Kirchturmraten spielen: Aber Achtung, einer ist der Krefelder Hauptbahnhof!

Vom Kapuzinerberg kann man einen beeindruckenden Ausblick auf die Skyline von Krefeld genießen und bei gutem Wetter sogar bis nach Düsseldorf und Grevenbroich sehen.

Gewässer

Der Flöthbach

Krefelds ehemaliger Müllberg wird vom Flöthbach umschlängelt, der als Vorfluter das Regenwasser entlang des Hülser Bruchs nach Norden transportiert. Hier haben sich unter anderem Eisvogel und Pirol angesiedelt.

Museum, Tipp, Für die Kleinen, In der Nähe, Einkehr und Camping:

siehe alle bei Hülser Berg.

Der Inrather Berg in Krefeld

Das Dach von Krefeld

Der Inrather Berg ist mit seiner Höhe von 87 Metern ü. NN seit Ende des Zweiten Weltkriegs die höchste Erhebung Krefelds. Er ist ein Trümmerberg, gebildet durch den Schutt der im Zweiten Weltkrieg ausgebombten Stadt.

Ort

Krefeld, siehe bei Hülser Berg.

Adresse für Navigation

Parkplatz Flünnertzdyk/Ecke Langen Dyk, 47803 Krefeld.
GPS-Daten: 51.36146208207146, 6.543981797759924.

Öffentlicher Nahverkehr

Mit dem Bus 057 von Krefeld Hauptbahnhof nach Krefeld Grabeskirche/Kapuzinerkloster. Dann etwa ein Kilometer Fußweg auf der Straße Flünnertzdyk nach Langen Dyk/ Ecke Flünnertzdyk.

Wandern am Inrather Berg

Der Zwei-Gipfel-Weg

Der Zwei-Gipfel-Weg verbindet den Inrather Berg und den Kapuziner Berg. Die Verbindung zwischen den beiden Bergen verläuft etwa 400 Meter über den Langen Dyk, der asphaltiert ist. Unterwegs laden Bänke zu einer kleinen Pause ein.

Ausgangspunkt: Parkplatz Flünnertzdyk/Ecke Langen Dyk, 47803 Krefeld.
GPS-Daten: 51.36146208207146, 6.543981797759924.
Typ: Streckenwanderweg
Länge: Etwa sechs Kilometer.
Schwierigkeit: mittel, ein ständiges auf und ab.
Wegbeschaffenheit: Waldwege, Naturpfade, ein Stück Asphalt.
Beschilderung: keine

Zwischen dem Kapuzinerberg und dem Inrather Berg befindet sich der Parkplatz Flünnertzdyk/Ecke Langen Dyk; hier beginnt die Wanderstrecke. Links führt ein steiler Weg hoch auf den 77 Meter hohen Kapuzinerberg. Oben, am eindrucksvollen Gipfelkreuz angekommen, bietet der Acht-Kirchenblick eine herrliche Sicht auf die Skyline von Krefeld. Den gleichen Weg geht es wieder hinunter auf den Parkplatz. An seinem Ende verläuft der Weg links über den Flöthbach und vorbei an einem schön gelegenen, leider eingezäunten Anglersee auf das Dach von Krefeld, den Gipfel des 87 Meter hohen Inrather Berges. Auch hier führt der gleiche Weg wieder nach unten.

Blick vom Hülser Berg auf den Inrather Berg.

Aussicht

Auf halber Strecke zur Spitze des Inrather Berges lädt eine kleine Plattform zum Blick in Richtung Rhein und Uerdingen ein. Am Gipfel angekommen, hat man eine schöne Sicht in Richtung Norden.

Gewässer

Auf dem Weg vom Kapuziner Berg zum Inrather Berg liegt idyllisch ein kleiner See.

Museum

Das Heimatmuseum Hüls

Im Heimatmuseum Hüls erhält der Besucher einen Überblick über die Geschichte von Hüls und ein Einblick in die reichhaltige volks- und ortskundliche Sammlung des Vereins.

Adresse: Konventstraße 13, 47839 Krefeld, Tel.: 02151 735284, http:// heimatverein-huels.de

25

Die Rheydter Höhe in Mönchengladbach

Monte Klamott

Der höchste Punkt Mönchengladbachs liegt mit 133 Metern im Stadtwald Rheydt. Die Rheydter Höhe, im Volksmund als Monte Klamott oder Monte Scherbelino bezeichnet, ist ein Trümmerberg, angelegt nach dem Zweiten Weltkrieg aus dem Schutt der zerstörten Städte Mönchengladbach und Rheydt. Die Erhebung, heute ein beliebtes Naherholungsgebiet, ist mit einer Höhe von 64 Metern von Fuß bis zum Gipfel der höchste Trümmerberg Deutschlands.

Orte

Mönchengladbach

Mönchengladbach ist eine kreisfreie Großstadt am Niederrhein. Die Entwicklung der Textilindustrie zwischen Mitte des 19. und Mitte des 20. Jahrhunderts hatte einen erheblichen Einfluss auf den industriellen Fortschritt Mönchengladbachs. Heute sind neben der Textil- und Modeindustrie der Maschinenbau und die Elektrotechnik, Logistik und das Gesundheitswesen die wirtschaftlichen Leitbranchen der Stadt Mönchengladbach.

Rheydt

Rheydt ist ein Stadtteil der Stadt Mönchengladbach. Bis 1975 war Rheydt eine eigenständige Stadt. Kurios: Mit dem Mönchengladbach Hauptbahnhof und dem Rheydt Hauptbahnhof hat Mönchengladbach als einzige Stadt Deutschlands zwei Hauptbahnhöfe.

Adresse für Navigation

Parkplätze an der Dahlener Straße 570, 41239 Mönchengladbach. GPS-Daten: 51.158704574392466, 6.4125631400323355.

Öffentlicher Nahverkehr

Von Mönchengladbach Hauptbahnhof Europaplatz mit dem Bus 007 nach Hilderrather Straße. Hier umsteigen und weiter mit dem Bus 004 nach Bogenstraße. Von hier aus kurzer Fußweg zur Dahlener Straße 570.

Blick von der Rheydter Höhe auf die Niederrheinische Tiefebene.

Hoch zum Monte Klamott

Drei Wege führen hinauf zum höchsten Punkt von Mönchengladbach. Die Steigung beginnt bedächtig, wird aber zunehmend steiler, je weiter sich der Wanderer der Spitze nähert.

Ausgangspunkt: Wasserspielplatz am Fuß der Rheydter Höhe.
An der Rheydter Höhe 8, 41239 Mönchengladbach.
GPS-Daten: 51.158704574392466, 6.4125631400323355.
Typ: Strecke, hin und zurück.
Länge: etwa eineinhalb Kilometer.
Schwierigkeit: leicht, aber stetiger Anstieg.
Beschilderung: nein
Wegbeschaffenheit: Waldboden

Der Aufstieg zum Monte Klamott bedarf keiner Wegbeschreibung.

Aussicht

Von Plateau der Rheydter Höhe lässt sich eine Aussicht genießen, die bei klarem Himmel bis nach Wanlo reicht. Im Sommer versteckt das dichte Grün hochgewachsener Sträucher den Blick. Durch seine exponierte Lage ist der Berg noch vom Rande des Bergischen Landes aus sichtbar.

Gewässer

Am Fuße des Monte Klamotte liegt ein kleiner See, auf dem Enten und Schwäne schwimmen.

Museum 🏛

Das Städtische Museum Schloss Rheydt

Das Museum Schloss Rheydt zeigt neben wechselnden Ausstellungen eine umfangreiche Sammlung von Kunst- und Kulturgegenständen der Renaissance- und Barockzeit sowie zur Textilgeschichte Mönchengladbachs.

Adresse: Schlossstraße 508, 41238 Mönchengladbach, Tel.: 02166 928900,
https://schlossrheydt.de

Tipp

Das Ufer des kleinen Sees am Fuß des Monte Klamott ist im Sommer ein beliebter Picknick- und Grillplatz. Eine Liegewiese und eine Minigolfanlage bieten weitere Abwechselungen. Sollte es im Winter einmal kräftig schneien, verwandeln sich die Hänge der Rheydter Höhe zur Rodelbahn.

Für die Kleinen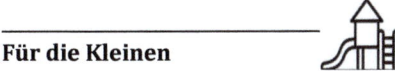

Ein paar Schritte vom Weiher entfernt befindet sich ein bei Kindern sehr beliebter, großer Spielplatz. Er ist in mehrere Bereiche unterteilt, z. B. Spielbereich für Kleinkinder, Spielbereich mit Klettergeräten, Wasserspielplatz.

Adresse: An der Rheydter Höhe 8, 41239 Mönchengladbach.

In der Nähe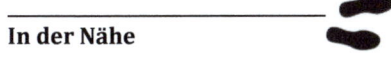

Das Schloss Rheydt

Das Schloss Rheydt ist eine Renaissance-Wasserschlossanlage und ein bedeutendes Baudenkmal Mönchengladbachs. Es ist zum großen Teil für Besucher zugänglich, einschließlich der Wallanlage und Teilen der Kasematten. Jährlich finden hier Ritterspiele statt, die von einem mittelalterlichen Markt begleitet werden.

Adresse: Schlossstraße 508, 41238 Mönchengladbach, Telefon: 0 21 66 928 90-0, https://schlossrheydt.de

Einkehr

Ratskeller Rheydt, Markt 11, 41236 Mönchengladbach, Tel.: 02166 9980074, https://ratskeller-rheydt.com

Restaurant Safran Tenne, Marktstraße 7– 9, 41236 Mönchengladbach, Tel.: 02166 49217, https://safran-tenne.de

Camping

Campingforst am Laarer See, Brüggener Str.27, Niederkrüchten, Telefon: 02163 8461, https:// campingforst-laarersee.com

26

Der Alsumer Berg (oder Beecker Halde)

Das wunderliche Gefühl, auf einem 1000 Jahre alten Dorf zu stehen.

Viele Besucher, die den Alsumer Berg bestiegen haben, um den Panoramablick zu genießen, gehen davon aus, auf eine dieser typischen Abraumhalden des Ruhrgebiets oder des Niederrheins hochgeklettert zu sein. In Wirklichkeit ist dieser Berg aber etwas ganz Besonderes. Die Wanderer stehen hier nämlich auf den Fragmenten eines ehemaligen Stadtteils, der mit Kriegsschutt verfüllt und regelrecht darunter begraben wurde. Alsum wurde im Zweiten Weltkrieg fast komplett zerstört und war durch wiederholte Bergsenkungen so gefährdet, dass die Führung der Stadt Duisburg entschied, den 1000 Jahre alten Ort nicht wieder aufzubauen. Die ehemalige kleine Siedlung im Duisburger Norden ist sozusagen das Atlantis von Duisburg – sie ist versunken. Freilich nicht im Meer, sondern unter einem mit Sträuchern und Bäumen bepflanzten Hügel.

Ort

Duisburg

Duisburg ist die größte Stadt im westlichen Teil des Ruhrgebietes, Universitätsstadt, das Oberzentrum des Niederrheins und mit rund 500.000 Einwohnern die 15. größte Stadt Deutschlands. Die Stadt Montan ist mit ThyssenKrupp Steel, Hüttenwerke Krupp-Mannesmann und Arcelor Mittal Ruhrort der bedeutendste Stahlstandort Deutschlands. Der Duisburger Hafen an der Mündung der Ruhr in den Rhein ist der weltweit größte Binnenhafen.

Adresse für Navigation

Parkplatz Alsumer Steig 71, 47166 Duisburg.
GPS-Daten: 51.49887903628562, 6.727438511211342.
Der Parkplatz liegt fast am Ende der gleichnamigen Sackgasse. Hier befand sich früher die Anlegestelle für die Fähre von Alsum nach Baerl.

Öffentlicher Nahverkehr

Von Duisburg Hauptbahnhof mit der Straßenbahn 903 nach Duisburg Heckmann. Von hier aus führt ein 2,5 Kilometer langer Fußweg über die Wiesenstraße, dem Willy-Brand-Ring und der der Alsumer Straße zum Alsumer Steig 71.

Zum Atlantis von Duisburg

Ausgangspunkt: Parkplatz Alsumer Steig 71, 47166 Duisburg.
GPS-Daten: 51.49887903628562, 6.727438511211342.
Typ: Strecke, hin und zurück.
Länge: 2,6 Kilometer
Schwierigkeit: leicht
Beschilderung: keine, vor dem Anstieg und auf dem Gipfel steht eine Infotafel.
Wegbeschaffenheit: Splitt und Asphalt.
Bemerkenswertes: Der Ausblick vom Gipfel und die Geschichte des Berges.

Vom Parkplatz geht es nach einem kurzen Abstieg auf dem Rheindeich, zunächst etwa 300 Meter am Fuße des Berges entlang zu seinem südlichen Ende bis zu einer Infotafel. Am Ende der Landmarke führt ein steiler, asphaltierter Weg links auf den 70 Meter hohen Berg. Oben angekommen, helfen Hinweistafeln bei der Orientierung. Die gegensätzlichen Weitblicke vom ländlich geprägten, lieblichen Niederrhein hin zu den gigantischen Industrieanlagen des Duisburger Nordens sind einzigartig. Dann geht es wieder zurück zum Haldenaufgang und auf der von Hinweg bekannten Strecke wieder zum Parkplatz.

Aussicht

Vom Gipfel des Alsumer Berges bietet sich ein fantastischer Panoramablick auf die Schwerindustrie im Duisburger Norden, aber auch auf beschauliche Landschaften zwischen Niederrhein und Ruhrgebiet. Im Osten überblickt man den Duisburger Norden mit dem Werksgelände von ThyssenKrupp Steel. Unmittelbar zu Füßen liegen die Hamborner Ofengruppe, die Kokerei Schwelgern sowie die beiden Groß-Hochöfen Schwelgern. Im Westen erblickt man hinter dem Rhein, der nach Norden fließt, das ländlich geprägte Gebiet des Niederrheins. Aufgrund des phänomenalen Industriepanoramas ist der Berg bei Industriefotografen sehr beliebt. Im Herbst trifft man auf dem Gipfel an klaren Tagen zum Sonnenauf- und -untergang immer eine Reihe von Fotografen aus ganz Europa.

Gewässer

Der Rhein

Der Rhein fließt am Alsumer Berg vorbei nach Norden. Am Fuß der Halde und auf ihrem Gipfel fällt der Blick immer wieder aufs Wasser: Ausflugsdampfer, Schubschiffe und Ruderboote.

Vom Alsumer Berg hat der Besucher wohl einen der interessantesten Rundblicke, der sich im Ruhrgebiet erleben lässt.

Museen

Das Lehmbruck Museum und das MKM Museum Küppersmühle für Moderne Kunst

Im Duisburger Lehmbruck-Museum werden neben seinen Zeichnungen und Gemälden die Skulpturen des Meidericher Plastikers Wilhelm Lehmbruck ausgestellt. Das Museum lockt Besucher aus der ganzen Welt an.

Adresse: Düsseldorfer Straße 51, 47051 Duisburg, Tel.: 0203 2833294, https://lehmbruckmuseum.de

Das MKM Museum Küppersmühle für Moderne Kunst ist ein abwechslungsreiches Museum für zeitgenössische Kunst.

Adresse: Philosophenweg 55, 47051 Duisburg, Tel.: 0203 30194811, https://museum-kueppersmuehle.de

Tipp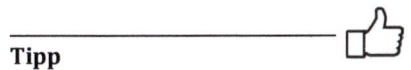

Der Alsumer Berg liegt unmittelbar an den Radwanderwegen: Erlebnisweg Rheinschiene, Niederrheinroute und Route der Industriekultur per Rad.

Für die Kleinen

siehe nachfolgend beim Landschaftspark Nord.

In der Nähe

Der Landschaftspark Nord – ein Zeuge der Vergangenheit

Große Teile der Industrieanlagen sind heute nicht mehr in Gebrauch und zeugen von der industriellen Geschichte des Ruhrgebietes. In den meisten Fällen dürfen geschlossene Industrieanlagen nicht betreten werden. Ganz anders ist es im Landschaftspark rund um ein stillgelegtes Hüttenwerk in Duisburg-Meiderich. Für die Besucher gibt es eine Vielzahl von Angeboten. Sportbegeisterte Kletterer oder Gasometer-Taucher, Radfahrer, Läufer und Skater, Familien mit Kindern auf einem großen Abenteuerspielplatz, Hund und Herrchen finden hier genauso ihren Platz wie die Fans der Industriekultur und- Architektur. Für Fotografen ist der Landschaftspark einfach unschlagbar. Das Gelände ist ganzjährig, Tag und Nacht frei zugänglich.

Adresse: Emscherstraße 71, 47137 Duisburg, https://landschaftspark.de

Einkehr

Auf und um dem Alsumer Berg gibt es keine Möglichkeit zur Einkehr.

Restaurant Hauptschalthaus, Emscherstraße 71, 47137 Duisburg, Tel.: 0203 41799180, https://www.hauptschalthaus.com/

Camping

Freizeitdomizil Entenfangsee, Am Entenfang 7, 45481 Mülheim an der Ruhr, Tel.: 0203 760111, https://entenfangsee.freizeit-oasen.de

Wohnmobilstellplatz am Landschaftspark, 47137 Duisburg (Meiderich)

27

Die Heinrich Hildebrand Höhe

Laufen auf der Achterbahn – Tiger & Turtle in Duisburg

Die Heinrich-Hildebrand-Höhe ist eine Halde im Angerpark in Duisburg-Wanheim-Angerhausen. Sie ist ein renaturierter Schlackenberg der einstigen Zinkhütte MHD Sudamin GmbH (Metallhütte Duisburg). Den Namen hat sie von dem Duisburger Heimatforscher Heinrich Hildebrand.

Gekrönt wird die 67 Meter über Normalnull hohe Halde von einer weithin gut sichtbaren Landmarke, die an eine Achterbahn erinnert: die etwa 20 Meter hohe, begehbare Großskulptur T*iger & Turtle*. Die Namensgebung der einzigen begehbaren Achterbahn der Welt rührt daher, dass die Skulptur in ihrer Erscheinungsform (mit viel Fantasie) an einen Tiger erinnert, der Besucher sie jedoch langsam wie eine Schildkröte begeht.

Mit Eintritt der Dämmerung sorgen im Handlauf eingelassene LED-Module dafür, dass die Skulptur auch nachts weithin sichtbar ist. Und wie kommt man durch den Loopingbereich? Gar nicht, er darf nicht betreten werden. Bei schlechter Wetterlage ist der Zugang verschlossen.

Ort

Duisburg, siehe oben bei Alsum.

Adresse für Navigation

Ehinger Straße 117, 47249 Duisburg.
GPS-Daten: 51.3786004213923, 6.736422782369433.

Öffentlicher Nahverkehr

Vom Duisburger Hauptbahnhof aus mit der Straßenbahn Linie 903, Haltestelle Tiger & Turtle.

Gewässer

Der Rhein

In unmittelbarer Nähe der Heinrich Hildebrand Höhe, nur ein kurzes Stück auf der Richard-Seiffert-Straße, fließt der Rhein. Dort befindet sich eine Aussichtsplattform fürs Schiffe-Gucken oder, wie es heute heißt, Bootwatching.

Wandern an der Heinrich Hildebrand Höhe

Ausgangspunkt: Parkplatz Ehinger Straße 117, 47249 Duisburg.
GPS-Daten: 51.3786004213923, 6.736422782369433.
Typ: Strecke, also rauf und wieder runter.
Länge: 2,7 Kilometer
Schwierigkeit: leicht
Beschilderung: nein

Aussicht

Die Aussicht von der Spitze der Landmarke bietet einen Panoramablick auf den Duisburger Süden, auf den Rhein mit den Friemersheimer Rheinauen, auf der gegenüberliegenden Flussseite und auf die umliegenden Industriebetriebe.
Wer die Skulptur begeht, dem ergeben sich ständig verschiedene Perspektiven auf die umliegende Landschaft. Zu sehen sind beispielsweise die Hüttenwerke Krupp Mannesmann in Hüttenheim, die Duisburger Innenstadt und der Rhein.

An dieser Achterbahn gibt es kein Kassenhäuschen. Tiger & Turtle im Duisburger Süden. Die einzige begehbare Achterbahn weltweit.

Für die Kleinen

Der Spielplatz Biegerhofpark

Der Spielplatz Biegerhofpark liegt mitten im Erholungspark Biegerhof.
Adresse: Cramer-Klett-Straße, 47249 Duisburg.

In der Nähe

Der Hochseilgarten tree2tree im Sportpark Wedau.

Der Hochseilgarten tree2tree im Sportpark Wedau bietet mehr als 220 faszinierende Kletterelemente auf 18 Parcours.

Adresse: Kalkweg 153, Ecke Grüner Weg, 47279 Duisburg, Tel.: 0203 75850, https://www.tree2tree.de

Einkehr

Balkan Hof, Düsseldorfer Landstraße 337, 47259 Duisburg, Tel: 0203 781232, http://balkan-hof.de

Schenkel's am sittardsberg, Sittardsberger Allee 10, 47249 Duisburg, Tel.: 0203 700001, https://sittardsberg.de

Camping

Siehe oben bei Alsum.

28

Die Rockelsberghalden in Rheinhausen

Zwei Berge mit Hafensicht

Zwei Hügel direkt über dem Rheinufer im Duisburger Stadtteil Hochemmerich dienen als hervorragende Aussichtsplattformen. Dabei handelt es sich um die beiden ehemaligen Halden der Rheinhausener Krupp Hütte im Süden. Sie sind heute ein Teil des sogenannten Rheinuferparks. Benannt sind sie im Volksmund nach dem Unternehmen Rockelsberg, das die Deponien aufgeschüttet hat. Der höchste Punkt der Rockelsberghalde liegt auf der südlichen Erhebung. Er ist mit 68,8 Meter über dem Meeresspiegel etwas höher als sein südlicher Bruder.

Bevor aus dem Gelände das Naherholungsgebiet Rheinuferpark entstand, wurden hier Schlacken, Filterstäube und Schlämme aus der Eisen- und Stahlproduktion der Krupp-Hütte, aber auch Hausmüll abgelagert.

Ort 🏠

Duisburg, siehe oben bei Alsum.

Adresse für Navigation 📍

Rheingasse, 47228 Duisburg.
GPS-Daten: 51.41781944444517, 6.721095067025442.

Öffentlicher Nahverkehr 🚌

Von Duisburg Hauptbahnhof mit dem Bus der Linie 921 in Richtung Moers bis Rheinhausen Markt. Jetzt geht es für etwa 1,2 Kilometer zu Fuß weiter: In Fahrtrichtung geradeaus und rechts abbiegen in die Duisburger Straße. Nun links abbiegen in die Werthauser Straße. Gegenüber der Rheinstraße geht es rechts weiter in den Fußgängerweg zum Rhein. Nun auf dem Deich links und sofort wieder links.

**Wandern an den
Rockelsberghalden** 🥾

Ausgangspunkt: 47198 Duisburg, über die Wilhelmallee zum Parkplatz Deichstraße/Rheingasse.
GPS-Daten: 51.41781944444517, 6.721095067025442.
Typ: Rundweg
Länge: 6,7 Kilometer
Schwierigkeit: einfach
Beschilderung: keine
Wegbeschaffenheit: Straße, Fußwege, Ufer- und Wiesenwege.
Bemerkenswertes: Naturschutzgebiet Werthauser Wardt.

Dort, wo der Wiesenweg sich gabelt, bleiben wir rechts am Deich, geradeaus der Laufrichtung treu. Wenig später biegen wir scharf nach rechts auf einen Pfad und wandern wieder hinauf auf den Deich. Oben angekommen, geht es noch einige Meter weiter geradeaus, bevor wir scharf links abbiegen und die erste Halde in Angriff nehmen. Wenig später bleiben wir an einer Wegegabel der Laufrichtung rechter Hand treu. Dann schwenkt der Weg nach links und folgt dem Fuß der ehemaligen Schlackedeponie von Krupp. Am T-Stück hält man sich abermals links.

Nach einer Rechts-Links-Kombination geht es unterhalb einer Hochspannungstrasse auf den Rhein zu. Schließlich schwenkt der Weg nach rechts, mündet schräg ein und man wandert weiter geradeaus. An der ersten Möglichkeit wenden wir wieder nach rechts und erklimmen nun die Halde Rockelsberg. Entlang einer Drainage gewinnt man schnell an Höhe. Kurz nachdem die Drainage in den Berg verschwindet, geht es scharf rechts ab. Hinter einem Linksknick geht es noch einmal nach links auf das Haldentop, 69 Meter über Normal Null. Auf der anderen Seite steigt man wieder abwärts und folgt dann dem Weg nach links um die Halde herum. Von allen Punkten eröffnen sich spektakuläre Blicke auf das Ruhrgebiet, Duisburg, Oberhausen und Rheinhausen. Und auch Krefeld oder Neukirchen-Vluyn am linken Niederrhein sind schnell entdeckt.

Später geht es auf der vom Hinweg bekannten Strecke wieder hinunter von der Halde und dann nach rechts. Anschließend geht es linker Hand vom Deich hinunter und durch den Linksbogen schließlich unmittelbar bis vor den Rhein. Hier orientiert man sich am Rheinufer nach links bis vor das Naturschutzgebiet Werthauser Ward. Bei niedrigem Wasserstand kann man hier weiter geradeaus gehen. Sonst aber geht es nach links und auf der vom Hinweg bekannten Strecke zurück bis fast zum Start. Dort, wo man vorher hinabgestiegen ist, geht es nun nach rechts. An der folgenden Wegegabel abermals rechts halten und wieder zum Rheinufer wandern. Vor diesem auch jetzt nach links wenden. Solange in Ufernähe bleiben, bis der schmale Pfad geradeaus in ein Gebüsch führen würde. Hier wendet man sich nach links. An der Wegespinne darauf rechter Hand geradeaus gehen. Zur Rechten kann man in den alten Hafen Mevissen schauen. Der Weg führt jedoch steil den Deich hinauf zum Parkplatz.

Textquelle: Jürgen Weiß, www.wanderwegewelt.de

Aussicht

Von den Haldengipfeln geht der Blick des Besuchers auf die eindrucksvolle Kulisse von aktiven Industrie- und Hafenanlagen. Zu erkennen sind auch die Brücke der Solidarität, der benachbarte RheinPark und bei gutem Wetter die Achterbahn Tiger&Turtle auf der Heinrich-Hildebrand-Höhe im Angerpark. Auf der anderen Seite ist die Halde Norddeutschland mit ihrem Hallenhaus ein auffälliges Merkmal. Sogar die Neue Mitte in Oberhausen mit dem Gasometer und der Knappenhalde lässt sich gut erkennen.

Gewässer

Der Essenberger See und der Rhein

Der Essenberger See ist ein 3,6 Hektar großer ehemaliger Baggersee im Essenberger Bruch, einer typischen niederrheinischen Auenlandschaft, die in einer verlandeten

Altstromrinne entstanden ist. Ob eine kleine Wanderung, eine Fahrradtour oder einfach die Natur zu genießen, der Essenberger See bietet viele Gelegenheiten für Freizeitaktivitäten.

Adresse: 47198 Duisburg, Bruchstraße 106.

Der Rhein, siehe oben bei Heinrich Hildebrand Höhe und Alsumer Berg.

Blick von der Rockelsberghalde auf den Rhein und die Brücke der Solidarität.

Museum

Das Museum der Deutschen Binnenschifffahrt

Im Museum der Deutschen Binnenschifffahrt erfährt der Besucher alles über die Schifffahrtsgeschichte von der Steinzeit bis zur Gegenwart auf Flüssen, Kanälen und Seen sowie über den Hafen Duisburg.

Adresse: Apostelstraße 84, 47119 Duisburg, Tel.: 0203 28394140, https://binnenschifffahrtsmuseum.de

Für die Kleinen

Der Spielplatz Rheinpark

Der Spielplatz Rheinpark ist ein interessanter Kinderspielplatz im Rheinpark Duisburg.

Adresse: Liebigstraße 70, 47053 Duisburg.

In der Nähe

Der Rheinpark

Nicht weit entfernt von der Rockelsberghalde befindet sich der *RheinPark*, der im Norden und im Süden durch die Brücke der Solidarität sowie die Hochfelder Eisenbahnbrücke eingerahmt wird. Hier genießt der Spaziergänger auf der 1,4 Kilometer langen Uferpromenade den Blick auf die geschichtsträchtige Brücke der Solidarität. Kletterer, Basketballer, Skater und Beachvolleyballer können hier ihrem Sport nachgehen.

Adresse: Liebigstraße 70, 47053 Duisburg

Einkehr

Restaurant Ziegenpeter, Liebigstraße 70, 47053 Duisburg, Tel.: 0203 72999546, https://ziegenpeter-duisburg.de

Camping

Siehe oben bei Alsum.

(29)

Die Halde Wolfsberg

Der Berg mit den vielen Namen

Bei den Duisburgern hieß er Monte Schlacko, Monte Schrott oder Monte Klamotto. Heutzutage ist nichts mehr davon zu erkennen, was sich unter der grünen Kuppe des Wolfsbergs befindet: Müll, industrielle Abfälle, Trümmerschutt und sogar eine Artillerieschießanlage.
1975 wurde alles mit Erde zugedeckt und zu einem Aussichtsberg gestaltet.

Auf dem dicht bewaldeten Hügel, dessen höchster Punkt auf 63,1 Metern über dem Meeresspiegel liegt, steht seit 1994 ein stählerner Aussichtsturm.

Ort

Duisburg, siehe oben bei Alsum.

Adresse für Navigation

Parkplatz Wolfssee, 47279 Duisburg.
GPS-Dateien: 51.38153277719346, 6.8087842246966686.

Öffentlicher Nahverkehr

Von Duisburg Hauptbahnhof mit dem Bus 934 bis Haltestelle Duisburg am See. Von hier aus etwa 1,5 Kilometer zu Fuß über Kalkweg, Strohweg und Masurenallee bis Masurenallee 405, Parkplatz Wolfssee.

Wandern am Wolfsberg

Tour über die Sechs-Seenplatte

Ausgangspunkt: Parkplatz Wolfssee, Masurenallee 405, 47279 Duisburg.
GPS-Dateien: 51.38153277719346, 6.8087842246966686.
Typ: Rundweg
Länge: 7,2 Kilometer
Schwierigkeit: einfach
Beschilderung: keine
Wegbeschaffenheit: Straße, Fußwege.
Bemerkenswertes: Seenplatte, Aussichtsturm Wolfsberg.

Wir beginnen die Wandertour am Parkplatz Wolfsee und gehen links auf die *Masurenallee* und wieder links in den *Strohweg*. Hier folgen wir dem Ufer des Masurensees zum Segelhafen und zum Haus Seeblick. Hier halten wir uns links, kreuzen den Wambach, wandern zum Wolfsberg hinauf und ersteigen den Aussichtsturm mit einem schönen Blick über die Sechs-Seen-Platte. Nach dem Abstieg geht es hinab zum Wildförstersee, dessen Ufer wir jetzt südwärts folgen. Nun wandern wir weiter auf dem Weg *Im Bischelter Grund*, eingerahmt vom Dickelsbach auf der linken Seite und dem Wildförstersee rechts, wieder in Richtung Startpunkt. Vorbei am Wasserspielplatz und dann auf dem Weg Im *Wambachgrund* passieren wir das Freibad Wolfsee und gelangen zum *Kalkweg*, in den wir rechts abbiegen. Über die *Gelbe Brücke* erreichen wir wieder das Haus Seeblick und folgen dem Masurensee-Ufer zum Parkplatz Wolfssee.

Aussicht

Das Besucherpodest des Aussichtsturms 6-Seen-Platte auf der Halde Wolfsberg ist nach dem Kaiserberg der höchste öffentlich zugängliche Punkt der Stadt Duisburg. Bei gutem Wetter ist von hier aus Köln zu sehen.

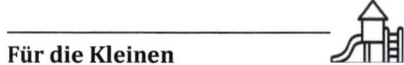

Blick vom Aussichtsturm Wolfsberg auf den Wolfsee und das Freibad.

Tipp 👍

Am Fuß der Halde liegt ein großes Freizeit- und Naturparadies mit Wander- und Radwegen, Bade- und Segelangebot, Spielplätzen und einem Waldlehrpfad.

Für die Kleinen

Der Wasserspielplatz im Wambachgrund

Adresse: Im Wambachgrund, 47279 Duisburg.

In der Nähe

Der Sportpark Duisburg

Sportpark Duisburg ist ein Sport- und Erholungsgebiet im Duisburger Süden. Er zählt zu den größten zusammenhängenden Sportparks Deutschlands und bietet unter anderem Trainings- und Wettkampfstätten für Wasserski, Wakeboard, Fußball, Eishockey, Leichtathletik, Schwimm-, Kanu- und Rudersport.

Adresse: Sportpark Duisburg, 47055 Duisburg, Tel.: 0203 2834444, https://duisburgsport.eu/startseite

Einkehr

Restaurant Haus Wedau, Kalkweg 174, 47279 Duisburg, Tel.: 0203 727474, https://haus-wedau.de

Restaurant Saalbau, Wedauer Markt 13, 47279 Duisburg, Tel.: 0203 720209. https://saalbau-restaurant.eatbu.com/?lang=de

Camping

Campingplatz Nord, Unterbacher See, Düsseldorf, Tel.: 0211 87979040, https://campingplatz@unterbachersee.de

(30) Die Halde Norddeutschland

Die höchste am Niederrhein

Die Halde Norddeutschland ist eine Berghalde des ehemaligen Bergwerks Niederberg in Neukirchen-Vluyn. Mit etwa 80 Hektar Grundfläche und 102 Meter Höhe ist sie die größte Halde am Niederrhein. Hinauf geht es über die Himmelstreppe mit ihren 359 Stufen oder über den Panoramaweg. Die Stufen der Himmelstreppe, die zum Haldentop führen, der umlaufende Panoramaweg und das Hallenhaus sind für Nacht- und Abendspaziergänge beleuchtet.

Ort

Neukirchen-Vluyn

Die Stadt Neukirchen-Vluyn liegt in der Niederrheinischen Tiefebene zwischen dem Rhein und dem Niederrheinischen Höhenzug. Hier treffen sich der Niederrhein und das Ruhrgebiet. Mit dem Einzug des Steinkohleabbaus Anfang des 20. Jahrhunderts veränderte sich die Situation der örtlichen Wirtschaft, der Bevölkerungszahl, der Beschäftigungs- und Siedlungsstruktur. Die Zeche Niederberg in Neukirchen-Vluyn wurde aufgrund der massiven Einschränkung des Kohleabbaus in Deutschland im Jahre 2001 geschlossen.

Adresse für Navigation

Geldernsche Straße, 47506 Neukirchen-Vluyn.
GPS-Dateien: 51.4656416693935, 6.565649011209794.

Öffentlicher Nahverkehr

Von Duisburg Hauptbahnhof mit dem Zug der Linie RB 31 oder vom Bahnhof Rheinhausen bis Moers Bahnhof. Hier in den Bus der Linie 929 Richtung Venlo Station bzw. Vluyner Südring umsteigen. An der Haltestelle Gewerbegebiet Nord den Bus verlassen. Nun geht es zu Fuß von der Haltestelle ein kurzes Stück gegen die Fahrtrichtung zurück und dann die Hochstraße (Kreuzung vor dem Kreisverkehr) geradeaus bis zur Geldernsche Straße.

**Wandern an der Halde
Norddeutschland**

Auf der Treppe (fast) in den Himmel.

Ausgangspunkt: Parkplatz Geldernsche Straße, 47506 Neukirchen-Vluyn, gegenüber von Hausnummer 166, direkt am Fuße der Himmelstreppe.
GPS-Dateien: 51.4656416693935, 6.565649011209794.
Typ: Rundweg
Länge: 1,6 Kilometer
Schwierigkeit: einfach, wenn die Himmelsleiter geschaft ist.
Beschilderung: Betonquader mit Laufrichtung.
Wegbeschaffenheit: Treppenstufen, Asphalt und Schotterwege.

Vom Parkplatz besteigt man über die Himmelsleiter die Halde Norddeutschland. Auch am Ende der letzten Stufen der Laufrichtung treu bleiben. Weiter bis zu einer asphaltierten Fläche. Hier scharf links abbiegen. An der nächsten gepflasterten Fläche auf dem linken Weg wieder nach oben wandern. An der folgenden Wegeteilung halb rechts auf dem oberen Weg bleiben. Über die kommende gepflasterte Fläche auf dem rechten Weg weiter bis zur vom Hinweg bekannten Strecke, auf der es wieder hinunter zum Parkplatz geht.

Weitere zahlreiche Wanderwege führen auf und um die Halde. Menschen mit Geh-
behinderung können mit eigenem PKW hinauf fahren (vorher Kontakt mit Stadt-
marketing der Stadt Neukirchen-Vluyn, Tel.: 02845 391-230)

Aussicht

Die 102 Meter hohe Halde Norddeutschland bietet einen traumhaften Blick über den
Niederrhein und das Ruhrgebiet, die Duisburger Industrie und auf andere Halden.

*Auf dem Weg zum Gipfel der Halde Norddeutschland, im Hintergrund die Landmarke
Hallenhaus.*

Gewässer

Der Baggersee Neukirchen-Vluyn

Mit Wanderweg und Spielplatz, Terniepenweg 88, 47506 Neukirchen-Vluyn.

Museum

Das Museum und Archiv Kulturhalle und das Museum Neukirchen-Vluyn

Im Museum und Archiv Kulturhalle werden auf unterschiedlichen Ebenen 26 geschichtsträchtige Orte in Neukirchen-Vluyn in Foto-, Text- und Tondokumenten aufgezeigt.

Adresse: Pastoratstraße 1, 47506 Neukirchen-Vluyn, Tel.: 02845 391215, https://museum-neukirchen-vluyn.de

Das Museum Neukirchen-Vluyn ist ein Museum für Stadtgeschichte.

Adresse: Hans-Böckler-Straße 26, 47506 Neukirchen-Vluyn, Tel.: 02845 391215, https://museum-neukirchen-vluyn.de

Tipp

Die Weite des Haldenplateaus mit Hallenhaus und Thingplatz strahlt Ruhe aus. Wer es lebhafter mag, besucht eine der Musik- oder Sportveranstaltungen auf der Halde oder versucht sich bei den Gleitschirm- und Drachenfliegern am Südwesthang. Ob in der Luft, zu Fuß, per Rad oder zu Pferde, hier findet jeder ausgezeichnete Bedingungen – und das sogar bei Dunkelheit. Und deckt der Schnee die Halde zu, kann hier auch gerodelt werden.

Für die Kleinen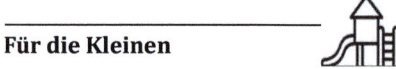

Der Spielplatz Waldenburger Straße, Adresse: 47506 Neukirchen-Vluyn.

Der Spielplatz Petershof, Adresse: 47506 Neukirchen-Vluyn.

Der Spielplatz Dorf Neukirchen, Adresse: 47506 Neukirchen-Vluyn.

Einkehr

Restaurant Little John's, Niederrheinallee 310, 47506 Neukirchen-Vluyn, Tel.: 02845 7908210, https://little-johns.de

AHOY, Max-von-Schenkendorf-Straße 16, 47506 Neukirchen-Vluyn. Tel.: 02845 9805582, http://ahoy-neukirchen.de

Vluyner Grill, Niederrheinallee 335, 47506 Neukirchen-Vluyn, Tel.: 02845 1823, https://vluyner-grill.eatbu.com

Camping

Wohnmobilstellplatz Niederrhein, Krefelder Straße 9, 47506 Neukirchen-Vluyn, Tel.: 02845 9349, https://wohnmobilstellplatz-niederrhein.de

Kuypers Johannes Campingplatz, Kengen 47, 47509 Rheurdt, Tel.: 02833 7586.

(31) Die Halde Pattberg

Der Berg mit drei Gipfeln

Die Halde Pattberg ist eine ehemalige Berghalde der Zeche Pattberg in Moers-Repelen. Die Schachtanlage Pattberg, die jährlich 2,2 Millionen Tonnen Steinkohle förderte und 900.000 Tonnen Koks erzeugte, wurde 1993 stillgelegt.
Von ihrer Form her ist sie eher ein Tafelberg und könnte demnach auch Plattberg heißen. Erst nachdem drei Kuppen aufgesetzt wurden, entwickelte sie sich zum Landschaftsbauwerk. Auf einer der drei Kuppen steht ein Gipfelkreuz. Die Halde ist, wie auch die anderen Halden im Umkreis, jederzeit frei zugänglich.

Ort

Moers

Moers liegt am unteren Niederrhein und am westlichen Rande des Ruhrgebiets. Mit rund 104.000 Einwohnern ist die Stadt die westlichste Großstadt der Metropole Ruhr und das Tor zum Niederrhein und zu den Niederlanden.

Adresse für Navigation

Pattbergstraße, Nähe Kreuzung Am Pattberg in 47445 Moers.
GPS-Daten: 51.49662074371993, 6.589188708763108.

Öffentlicher Nahverkehr

Mit der RB 31 von Duisburg Hauptbahnhof oder Rheinhausen in Richtung Xanten oder Moers bis Moers Bahnhof. Von hier mit dem Bus Linie 911 Richtung Bürgermeister-Schmelzing-Straße in Kamp-Lintfort bis Haltestelle Windmühlenstraße. Nun links in die Windmühlenstraße gehen, jetzt noch ein kurzer Fußweg zur Halde.

Gut ausgebaute Rad- und Wanderwege ermöglichen einen problemlosen
Aufstieg auf die Halde.

Ausgangspunkt: Pattbergstraße 77, Nähe Kreuzung Am Pattberg, 47445 Moers.
GPS-Daten: 51.49662074371993, 6.589188708763108.
Typ: Rundweg
Länge: 3,2 Kilometer
Schwierigkeit: leicht
Beschilderung: keine
Wegbeschaffenheit: Schotterwege
Bemerkenswertes: mehrere Rastplätze und Aussichtspunkte.

Wir starten vom Parkplatz *Pattbergstraße* und wandern auf dem geschotterten
Weg, wobei wir ein Grubenausbauprofil passieren. Nachdem wir eine Y-Gabelung
erreichen, folgen wir dem rechten Weg. So kommen wir an einen Aussichtspunkt
mit Rastmöglichkeit und mit einem Panoramablick in Richtung Westen. An einer
erneuten Y-Gabelung angekommen, biegen wir wieder in den rechten Weg ab.
Diesen geschotterten Weg verlassen wir an der nächsten Gelegenheit, an der zwei
kleinere Wege nach links abgehen. Der rechte der beiden Wege ist jetzt unsere
Gehstrecke, auf der wir nach kurzer Zeit den Haldentop erreichen. Am Gipfelkreuz
wandern wir nach links und gelangen nach einem kurzen Abstieg wieder auf den
breiteren Schotterweg, auf dem wir in Kehren wieder den Parkplatz erreichen.

Aussicht

Vom 75 Meter hoch gelegenen Plateau der Pattberg-Halde bieten sich dem Besucher
grandiose Ausblicke auf die imposante Industriekulisse des Duisburger Nordens, die
reizvolle niederrheinische Landschaft und auf die umliegenden Städte. Auch andere
Landmarken der Umgebung wie die Halden Norddeutschland und Rheinpreußen
und der Alsumer Berg sind zu erkennen.

Blick von der Halde Norddeutschland auf die Halde Pattberg.

Gewässer

Das Panormabad Pappelsee und der Rossenrayer See

Egal ob jung oder alt, Adrenalinjunkie oder Wasserratte – im Panoramabad Pappelsee in Kamp-Lintfort kommt jeder auf seine Kosten. Das Spaßbad ist ideal für einen Familienausflug, einen Kindergeburtstag oder eine gemeinsame Zeit mit Freunden.

Adresse: Bertastraße 74, 47475 Kamp-Lintfort.

Der Rossenrayer See ist ein 45,1 Hektar großer Baggersee in Kamp-Lintfort. Sowohl im Sommer, als auch im Winter ist das Gewässer immer einen Besuch wert.

Adresse: Nimmendohrstraße, 47475 Kamp-Lintfort.

Museum

Das Grafschafter Museum

Das Grafschafter Museum im Moerser Schloss zeigt neben der Geschichte des Schlosses und der Kultur- und Alltagsgeschichte der Region auch eine historische Puppenstubensammlung und Sonderausstellungen.

Adresse: Kastell 9, 47441 Moers, Tel.: 02841 201-0, https://moers.de/kultur-bildung/grafschafter-museum-im-schloss

Tipp

Die großen freien Flächen auf dem Top der Halde Pattberg bieten beste Bedingungen zum Drachensteigenlassen.

Für die Kleinen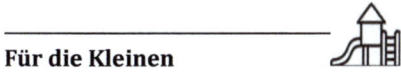

Der Grafschafter Musenhof und der Spielplatz Niephauser Straße

Kinder haben die Möglichkeit, auf dem Grafschafter Musenhof im Schlosspark mittelalterliche Geschichte lebendig werden zu lassen. In der Spiel- und Lernstadt können die Kleinen in Rollen schlüpfen und vieles selbst ausprobieren. Für zwei Stunden werden sie zu festen Zeiten durch das Team des Grafschafter Museums betreut.

Adresse: Kastell 9, 47441 Moers, https://musenhof-moers.de

Spielplatz Niephauser Straße

Adresse: Talstraße, 47445 Moers.

Einkehr

Haus Beck Moers, Lintforter Straße 80, 47445 Moers, Tel.: 02841 769190, https://haus-beck-moers.de

Gasthof Hufen, Hoher Weg 271, 47445 Moers, Tel.: 0170 8024406, http://gasthof-hufen.de

Haus Jungborn, Am Jungbornpark 192, 47445 Moers, Tel.: 0176 24932113, https://haus-jungborn.de

Camping

ENNI Wohnmobilstellplatz, Filder Straße 144, 47447 Moers, Tel.: 02841 104-455, https://www.enni.de/freizeit/wohnmobilstellplatz/

Freizeitanlage Altfeld, Altfelder Straße 305, 47475 Kamp-Lintfort, Tel.: 02842 47904, https://altfeld.freizeit-oasen.de

Die Halde Rheinpreußen

Rotlicht über Moers

Die Zeche Rheinpreußen war der erste Bergbaustandort am linken Niederrhein. Ihre Halde hat eine Grundfläche von ca. 52 Hektar und eine maximale Höhe von 103,5 Meter über dem Meeresspiegel. Die auffallende Erhebung wirkt wie ein Brückenkopf zwischen dem Niederrhein und dem Ruhrgebiet. Der Regionalverband Ruhr baute 2005 die Halde zu einer Landmarke aus, indem er auf ihrer Höhe einen etwa 30 Meter hohen Aussichtsturm baute.
Seine originelle Form stellt eine überdimensionale Grubenlampe dar. Das sogenannte Geleucht von Otto Piene ist zu bestimmten Zeiten begehbar und erlaubt großartige Aussichten in das Ruhrgebiet und über den Niederrhein. Vom April bis zum Oktober wird die Halde teilweise in ein glutrotes Licht getaucht, was einen Besuch besonders reizvoll macht.

Ort

Moers

Die Stadt Moers ist eine der wenigen Großstädte in Deutschland, die weder kreisfrei noch Sitz eines Kreises ist. Moers ist Einkaufsstadt und Wirtschaftszentrum mit vielen Geschäften, Restaurants, Kneipen und Bistros, mit Theater und Museen, Parks und Sportanlagen. Die historische Altstadt von Moers mit ihren alten Gassen und den liebevoll sanierten und restaurierten Häusern lädt zum Bummeln ein.

Adresse für Navigation

Parkplatz Nord, Römerstraße 790, 47443 Moers.
GPS-Daten: 51.4814370614523, 6.648630371762792.

Öffentlicher Nahverkehr

Von Moers Bahnhof mit dem Bus Linie 4 nach Moers Waldsee. Nun zu Fuß bis zur Römerstraße 790.

Wandern an der Halde Rheinpreußen

Es gibt mehrere Wanderwege rund um und auf die Halde Rheinpreußen. Sie gehört zu den wenigen Halden, die befahren werden können. Der Parkplatz befindet sich etwa auf halber Höhe der Straße, die dort endet. Von dort ist es nur ein kurzer Fußweg bis zum Gipfel.

Durch den Baerler Busch, um den Wald- und Lohheider See, und hinauf zum Top der Halde Rheinpreußen und zum Geleucht.

Ausgangspunkt: Parkplatz Nord, Römerstraße 790, 47443 Moers.
GPS-Daten: 51.4814370614523, 6.648630371762792.
Typ: Rundweg
Länge: Neun Kilometer.
Schwierigkeit: mittel
Beschilderung: X12, A8, A7
Wegbeschaffenheit: Schotterweg
Bemerkenswertes: Waldgebiet, Seen und Montankunstwerk.

Wir starten am Parkplatz am Fuß der Halde Rheinpreußen, Römerstraße 790 in 47443 Moers. Von dort geht es am westlichen Ufer des Waldsees entlang in den Baerler Busch. Der Waldweg (X12) führt uns durch den Busch bis zum Lohheider See. Beide Seen sind ehemalige Kiesgruben und laden zum Verweilen ein. Danach wandern wir auf dem Jakobsweg (A8) zurück. In der Nähe des Sportplatzes folgen wir dem Weg A7 und kommen in kurzer Zeit wieder zum Waldsee. Über den Uferweg erreichen wir am Fuß der Halde eine Abzweigung. Hier biegen wir nach links ab. Nach einer kurzen Wegstrecke kommen wir an einen Stromkasten, an dem wir rechts weitergehen. Nun geht es hoch zur Halde Rheinpreußen. Oben angekommen, erkennen wir auch bald das Geleucht. Den Abstieg beginnen wir auf einem breiten Weg. Nach der ersten Kurve folgen wir nach etwa hundert Metern einem Weg nach links. Auf Serpentinen erreichen wir wieder den Parkplatz.

Aussicht

Von der Plattform der Grubenlampe und von der Böschung auf der Nord- und Ostseite bietet sich dem Besucher ein guter Blick über die Landschaft nach Duisburg, Bottrop und Kamp-Lintfort. Die Halde Alsumer Berg im Duisburger Norden und die Halden Haniel in Bottrop und Pattberg in Repelen sind ebenfalls zu erkennen.

Das Geleucht von Otto Piene auf der Halde Rheinpreußen.

Gewässer

Der Waldsee und das Bettenkamper Meer

Der Waldsee unterhalb der Halde lässt sich auf verschiedenen Wegen umrunden.

Adresse: Römerstraße 790A, 47443 Moers.

Ein Meer mitten in Moers! Das Naturfreibad Bettenkamper Meer in Moers ist das einzige Naturfreibad am linken Niederrhein. Vor 95 Jahren gebaut, verbreitet es heute eine Filmatmosphäre der 20-er Jahre. Damals schwammen Männer und Frauen durch eine Schamwand getrennt oder zu verschiedenen Badezeiten.

Adresse: Krefelder Straße 190, 47447 Moers, Tel.: 02841 1040, https://enni.de/freizeit/baeder/naturfreibad-enni-bettenkamper-meer

Museum

Die Galerie Peschkenhaus in Moers

Im ältesten erhaltenen Bürgerhaus in Moers präsentiert der Kunstverein Peschkenhaus Moers überregional beachtete Ausstellungen zeitgenössischer Kunst. Gleichzeitig ist das Peschkenhaus eine Begegnungsstätte verschiedener Generationen, die durch unterschiedliche Aspekte wie z. B. Konzerte, Lesungen, Vorträge oder Workshops angesprochen werden.

Adresse: Meerstraße 1, 47441 Moers, Tel.: 028 41 9985354, https://kunstverein-peschkenhaus-moers.de

Tipp

Ob Drachenbauer oder Drachenlenker, beim jährlichen Moerser Drachenfest auf der Halde Rheinpreußen kommen alle Freunde des Drachensports auf ihre Kosten.

In der Nähe

Der Barfußpfad im historischen Jungbornpark von Moers-Repelen

Mit nackten Füßen über Stock und Stein. Ob Füße zum Klettern oder zum Großbrandaustreten – alle können auf dem 1,2 Kilometer langen Barfußpfad im historischen Jungbornpark von Moers-Repelen ihre Füße einmal wieder ganz anders spüren. Mit nackten Sohlen über spitze Steine, Kies und Splitt; sogar über kleinste Glasscherben, durch das kalte Kneipp-Becken und zum Schluss durch ein Becken mit schlammigem Lehmwasser bringt nicht nur die Füße wieder auf Trab.

Adresse: Am Jungbornpark, 47445 Moers, Tel.: 02841 9166190, https://barfusspfad-moers-repelen.de

Einkehr

Gaststätte Haus Gernert, Germendonks Kamp 67, 47443 Moers, Tel.: 02841 8824323.

Dorfkrug Repelen, Hoher Weg 240, 47445 Moers, Tel.: 02841 9792000.

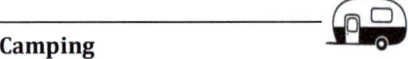

Camping

Campingpark Eldorado, Altfelder Straße 319, 47475 Kamp-Lintfort, Tel: 02842 4533, https://camping-eldorado.de

Rheincamping Meerbusch, Zur Rheinfähre 21, 40668 Meerbusch (Langst-Kierst) Tel.: 02150 911817, https://rheincamping.com

Die Knappenhalde

Oberhausens Top

Die Knappenhalde ist mit ihren 102 Metern die höchste Erhebung im Stadtgebiet von Oberhausen. Ihr Name verweist auf das in der Nachbarschaft liegende Knappenviertel. Hier wohnten die Arbeiterfamilien der Gutehoffnungshütte. Die Knappenhalde ist ein Berg aus Schichten. Ab 1856 begann die Aufschüttung mit Bergmaterial zur Spitzkegelhalde durch die Zeche Oberhausen bzw. Königsberg I/II. Die Halde wurde dann von der Eisenhütte zur Lagerung von Hochofenschlacken verwendet, nachdem die Produktion im Bergwerk 1931 eingestellt wurde – daher ihr Spitzname *Schlakenberg*. Während des Zweiten Weltkriegs wurde unter der Halde ein Flakbunker mit mehreren Eingängen gebaut, von denen einige noch heute sichtbar sind. Nach dem Zweiten Weltkrieg bekam der Berg seine dritte Schicht aus Trümmern und Schutt. Die vierte Schicht besteht aus der Begrünung und die fünfte aus Wegen und einem Aussichtsturm. Die Knappenhalde gehört zu den ersten, die für die Öffentlichkeit begehbar gemacht wurden. Das charakteristische Merkmal der Knappenhalde ist ihre Form. Als einer der wenigen verbliebenen Spitzkegelhalden gehört sie zur ersten Haldengeneration. Sie dient heute der Freizeit und Erholung.

Ort

Oberhausen

Oberhausen ist eine kreisfreie Großstadt im westlichen Ruhrgebiet und am unteren Niederrhein. Ihren Beinamen *Wiege der Ruhrindustrie* erhielt sie von der ersten Eisenhütte im Ruhrgebiet, St. Antony, die im heutigen Stadtgebiet lag. International bekannt ist Oberhausen durch die Kurzfilmtage. Das Westfield Centro in Oberhausen ist das größte Einkaufs- und Freizeitzentrum in Europa.

Adresse für Navigation

Lipperstraße, 46047 Oberhausen.
GPS-Daten: 51.48145252989371, 6.8779519419021025.

Öffentlicher Nahverkehr

Von Oberhausen Hauptbahnhof mit dem Bus 960 zur Haltestelle Oberhausen Lipperfeld. Hier aussteigen und per pedes zur Lipperstraße.

Wandern an der Knappenhalde

Ausgangspunkt: Lipperstraße, 46047 Oberhausen.
GPS-Daten: 51.48145252989371, 6.8779519419021025.
Gegenüber von Hausnummer 49 beginnt der Aufstieg auf die Knappenhalde.
Typ: Rundweg
Länge: 1,9 Kilometer
Schwierigkeit: leicht, aber teilweise steil.
Beschilderung: nein
Wegbeschaffenheit: Asphalt, Schotter, Pflastersteine.
Bemerkenswertes: Kunst auf der Knappenhalde, Gasometer, Aussichtsturm.

Gegenüber der Lipperstraße, Hausnummer 49, beginnt der Aufstieg auf die Knappenhalde. Der schneckenförmige Weg ist an mehreren Stellen mit Mosaiken aus Pflastersteinen, einem Gesamtkunstwerk mit dem Titel Berg der Arbeit des Oberhausener Werner Philipp Klunk, versehen. Geradeaus sanft ansteigend führt ein breiter Weg, auf dem Kunstwerke verschiedener Künstler den Wanderer begleiten, hinauf zum Gipfel. Vom Aussichtsturm bietet sich je nach Jahreszeit und der Belaubung der Bäume ein schöner Blick auf die Stadt. Beim Abstieg nehmen wir den gleichen Weg, der wieder an der Lipperstraße endet.

Auf dem höchsten Punkt der Knappenhalde steht der stählerne Aussichtsturm. Seine Besteigung wird belohnt mit einer Aussicht auf die Stadt Oberhausen und das Gelände der ehemaligen Gutehoffnungshütte mit dem heutigen CentrO und dem Gasometer.

Blick vom Gasometer auf die Knappenhalde in Oberhausen.

Gewässer

Der Rhein-Herne-Kanal

Der Rhein-Herne-Kanal verläuft in Oberhausen von Ost nach West, größtenteils parallel zur Emscher. Die im Bereich Neue Mitte Oberhausen gelegene Marina Oberhausen ist ein neuer Hafen für Freizeit- und Sportboote am Rhein-Herne-Kanal. Direkt neben der Marina befindet sich das Sealife Oberhausen, Deutschlands größtes Süß- und Meerwasseraquarium. Es macht Spaß, entlang der Kanalwege zu wandern und die Boote zu beobachten.

Adresse: Zum Aquarium 2, 46047 Oberhausen, https://marina-oberhausen.de

Museen

Ludwiggalerie Schloss Oberhausen und *LVR Industrial Museum St. Antony Ironworks*

Die Ludwiggalerie Schloss Oberhausen ist ein Kunstmuseum im Kaisergarten des Schlosses Oberhausen. Die Galerie zeigt in den Räumen der klassizistischen Schloss-anlage Leihgaben aus aller Welt.

Adresse: Konrad-Adenauer-Allee 46, 46049 Oberhausen, Tel.: 0208 4124928, https://ludwiggalerie.de/de/ludwiggalerie

Das LVR Industrial Museum St. Antony Ironworks beschreibt den Beginn der Eisen- und Stahlindustrie im Ruhrgebiet, erzählt von bedeutenden Innovationen und vom harten Leben der Menschen, die dort arbeiteten.

Adresse: Antoniestraße 32-34, 46119 Oberhausen, Tel.: 02234 9921555, https://industriemuseum.lvr.de/de/die_museen/st_antony/st_antony_huette.html

Tipp

Das LEGOLAND Discovery Centre begeistert alle kleinen und großen Fans der be-rühmten Steine. Hier kann nach Herzenslust gespielt, gestaunt und gebaut werden.

Adresse: CentrO-Promenade 10, 46047 Oberhausen, Tel.: 0731 146115327, https://legolanddiscoverycentre.com/oberhausen

Für die Kleinen

Der Spielplatz Uhlandpark, Adresse: Pothmannsweg 64, 46047 Oberhausen.

In der Nähe

Die Schachtanlage Sterkrade

Mitten in der Natur gelegen, befindet sich die Förderanlage von Schacht 1 der Zeche Sterkrade. Das Fördergerüst über Schacht 1 ist eines der letzten verblie-benen Überreste der Zeche. Es handelt sich um einen der wenigen erhaltenen sogenannten dreibeinigen Promnitzer Fachwerkbauten in Nordrhein-Westfalen.

Adresse: Von-Trotha-Straße, 46149 Oberhausen.

Zum Falken, Falkensteinstraße 194, 46047 Oberhausen, Tel.: 0208 864389, https://zumfalken-oberhausen.de

L'Osteria Oberhausen, Brammenring 117, 46047 Oberhausen, Tel.: 0208 88248640, https://losteria.net/de/restaurants/restaurant/oberhausen

Camping

Wohnmobil Stellplatz am Marina Oberhausen, Heinz-Schleußer-Straße 1, 46047 Oberhausen.

34

Die Vollrather Höhe

Das Alpe d'Huez des Niederrheins
oder
Bergzeitfahren am Allrath's Rock.

Die Vollrather Höhe, die auch manchmal Allrather Höhe genannt wird, entstand durch den Abraum des Braunkohletagebaus Garzweiler, das bis 1983 Frimmers-dorf-West hieß. Der Name verweist auf das Gut Vollrath, das bis 1953 an der Stelle der Vollrather Höhe stand. Das Plateau auf 165 Meter über NN wird größtenteils landwirtschaftlich genutzt. Außerdem ist die exponierte Lage der Halde, wo der Wind kräftig weht, ein idealer Standort für Windräder.
Unter Rennradfreunden ist die Vollrather Höhe sehr beliebt. Hier findet alljähr-lich auf der 1.700 Meter langen Anfahrt von Allrath aus auf die Anhöhe ein Berg-zeitfahren für Amateure statt. Für Tadej Pogacar, Jonas Vingegaard, Primoz Roglic und Co. wäre die Vollrather Höhe wohl nur ein Rollerberg. Bei den Amateuren rollen da aber regelmäßig die Augen. Ob und wann die Tour de France auf den Giganten des Braunkohle-Reviers aufmerksam wird, muss abgewartet werden ...

Ort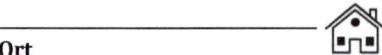

Grevenbroich

Die Stadt Grevenbroich gehört zum Rheinkreis Neuss. In Grevenbroich befindet sich die größte zusammenhängende Lagerstätte für Braunkohle in Europa.

Allrather Straße, 41515 Grevenbroich.
GPS-Daten: 51.05861933497675, 6.603545659083882.

Öffentlicher Nahverkehr

Vom Grevenbroicher Bahnhof mit dem Bus 892 zur Haltestelle Neurath Kirche. Von hier aus zu Fuß weiter über die Straßen Am St. Lambertus und Gürather Straße auf die Allrather Straße zur Vollrather Höhe.

Wandern an der Vollrather Höhe

Zwischen Industrie und Natur

Ausgangspunkt: Wanderparkplatz Vollrather Höhe, Allrather Straße, 41515 Grevenbroich.
GPS-Daten: 51.05861933497675, 6.603545659083882.
Typ: Rundweg
Länge: 10,3 Kilometer
Schwierigkeit: mittel
Beschilderung: keine
Wegbeschaffenheit: Waldwege, überwiegend Asphaltwege.

Vom Parkplatz wandern wir die Straße herunter. An der nächsten Abbiegung gehen wir rechts in die Straße, erreichen eine Brücke und überqueren dabei Bahnschienen. Hinter der Brücke gelangen wir rechts auf einen Weg. Auf dem geht es vorbei an Feldern, Wiesen und dem Sportplatz von Frimmersdorf. An der nächsten Straße biegen wir rechts ab. Kurz danach passieren wir eine Unterführung und wandern über die Erft. Nun befinden wir uns hinter dem Kraftwerk Frimmersdorf. Die Straße macht jetzt eine Rechtskurve. Kurz danach biegen wir wieder rechts in den nächsten Waldweg ab. Dem folgen wir nach einer Linkskurve etwa einen Kilometer geradeaus bis zu einer Gabelung, an der wir uns links halten. An der nächsten Straße geht es jetzt rechts weiter, vorbei an einer Wassermühle. Hinter der Wehr überqueren wir links die Straße und wandern einen Waldweg entlang der Erft.
An der folgenden Abbiegung geht für uns der Weg rechts weiter, um dem zweiten Weg erneut rechts zu folgen. Auf der Landstraße 375 angekommen, halten wir uns links, überqueren die Straße und gelangen so nach kurzer Strecke vor den Ort Neuenhausen. Wir wandern aber nicht in den Ort hinein, sondern gehen vor dem Ortsschild rechts in die Straße und passieren dabei drei Häuser. An der zweiten Straße geht es dann links in eine Straße, die uns in Richtung Vollrather Höhe führt.

Am Friedhof angekommen biegen wir rechts ab und wandern die Straße bis hinauf auf die Vollrather Höhe und weiter, bis wir wieder den Parkplatz erreichen. Auf der Vollrather Höhe ist der Rundwanderweg A1 markiert, der beim oberen Parkplatz beginnt und auch über die südwestliche Erhebung führt.

Aussicht

An der nordwestlichsten Stelle des Plateaus steht ein Sendemast. Vom dortigen Aussichtspunkt sieht man unter anderem die Sophienhöhe und bei hinreichender Fernsicht die Eifel.

Blick von der Millicher Halde auf die Halde Vollrather Höhe.

Gewässer

Der Neurather See

Der Neurather See entstand aus dem Restloch des Braunkohletagebaus Neurath-Nord. Der See und sein Umfeld dienen heute primär der Naherholung. Das Ufer des Sees ist durch einen umlaufenden Weg für das Wandern erschlossen.

Adresse: Donaustraße, 41517 Grevenbroich.

Museen

Das Feldbahnmuseum Rommerskirchen-Oekoven und die Villa Erckens

Im Feldbahnmuseum Rommerskirchen-Oekoven können alte Fahrzeuge, Lokomotiven, Anlagen und Einrichtungen aus dem Bereich Feld- und Werkseisenbahnen betrachtet werden und der Besucher kann in einer Dampflokomotive mitfahren.

Adresse: Zur Werksbahn 1, 41569 Rommerskirchen, Tel.: 02183 8068377, https://gillbachbahn.de/wordpress

Das Museum der Niederrheinischen Seele in der Villa Erckens im Grevenbroicher Stadtpark bietet neben seiner Dauerausstellung auch wechselnde Ausstellungen sowie einen Präsentationsraum zum nahegelegenen Braunkohletagebau.

Adresse: Am Stadtpark, 41515 Grevenbroich, Tel.: 02181 608656, http://museum-villa-erckens.de

Für die Kleinen

Der Spiel- und Bolzplatz in Wevelinghoven und der Kinder-Freizeitpark Bobbolandia

Der Spiel- und Bolzplatz in Wevelinghoven ist ein großer, naturnaher Spielplatz für Kinder, Jugendliche und Familien.

Adresse: Heyerweg, 41516 Grevenbroich.

Im Kinder-Freizeitpark Bobbolandia vereinigen sich Attraktionen eines Freizeitparks mit denen eines Spielplatzes. Kinder & Erwachsene müssen Eintritt bezahlen.

Adresse: Bobbolandia, Viktoriastraße 51–53, 41517 Grevenbroich, https://bobbolandia-grevenbroich.de

In der Nähe

Alt-Kaster

Alt-Kaster lebt das Mittelalter. Mit seinen Stadttoren, seinen alten Giebelhäusern und mittelalterlichen Gassen glänzt Bedburg-Kaster mit einem geschlossenen mittelalterlichen Stadtbild. Bei einem Rundgang durch eines der beiden Stadttore fühlt sich der Besucher in eine Jahrhunderte zurückliegende Zeit versetzt. Rund um den Kastersee und entlang der Erft gibt es verschiedene Spazier- und Wanderwege.

Neben einem Rundweg um den See führt der Werwolf-Wanderweg den Wanderer zu den Schauplätzen aus dem Leben von Peter Stubbe, der am 31.10.1579 als Werwolf hingerichtet wurde. Wer Lust auf eine schaurig-schöne Naturwanderung hat, folgt den gekennzeichneten Werwolf-Stationen.

Adresse: Historischer Ortskern von Alt-Kaster (Parkplatz), Hauptstraße 81, 50181 Bedburg.

Einkehr

Restaurant im Golfclub Erftaue e.V., Zur Mühlenerft 1, 41517 Grevenbroich, Tel.: 02181 280637, https://golf-erftaue.de

Wirtshaus an der Halde, Walter-Rathenau-Straße 3, 41515 Grevenbroich, Tel.: 02181 9617.

Camping

Camping mit HErz, Sankt-Bernhard-Straße 30, 41516 Grevenbroich, Tel.: 0172 2702093, https: camping-mit-herz.de

(35) Die Millicher Halde

Noch ein bischen Niederrhein

Die 70 Meter hohe Millicher Halde ist der Abraumberg der ehemaligen Steinkohlezeche Sophia-Jacoba in Hückelhoven. Die Zeche galt ab 1960 bis zur Aufgabe des Betriebes 1997 als modernste Steinkohlenzeche Europas. 1936 wurde mit der Anlegung der Halde begonnen.Nach Beendigung des Haldenbetriebes wurde ihre Oberfläche rekultiviert, vollständig begrünt und mit Fahrwegen versehen. Die Millicher Halde ist heute ein Ort für Freizeit und Erholung inmitten der Stadt Hückelhoven.

Ort

Hückelhofen

Die Stadt an der Rur ohne *h* ist eine ehemalige Zechenstadt, in der die Steinkohlenzeche Sophia-Jacoba etwa 80 Jahre lang das Stadtbild und den Lebensstil prägte. Die Rur, die das Stadtgebiet durchfließt, macht Hückelhoven zu einem idealen Ausgangspunkt für Radfahrer, Wanderer und Wassersportler.

Adresse für Navigation

Roermonder Straße 22–24, 41836 Hückelhoven.
GPS-Daten: 51.05342402152129, 6.216683830247234.

Öffentlicher Nahverkehr

Von Erkelenz Bahnhof mit dem Bus Linie 401 nach Hückelhofen, Parkhofstraße. Hier aussteigen und zu Fuß über die Jülicher Straße zur Roermonder Straße 22–24.

Wandern an der Millicher Halde

Es gibt zwei Einstiegsmöglichkeiten für die Besteigung der Halde:

Roermonder Straße, hinter dem Kreisverkehr Roermonder Straße/Am Landabsatz; dort stehen auch Parkflächen zur Verfügung. Anschließend geht es über Treppen auf die Halde.

Adresse: Roermonder Straße, 41836 Hückelhoven.
GPS-Daten: 51.05342402152129, 6.216683830247234.

Eine zweite Wanderung startet von der *Gronewaldstraße*, am Ortseingang Millich. Dort führt ein 1,7 Kilometer langer Fußweg nach oben auf die Halde.

Adresse: Gronewaldstraße , 41836 Hückelhoven.
GPS-Daten: 51.05636167056262, 6.199105813046452.

Aussicht

Auf dem oberen Haldenplateau steht die elf Meter hohe Himmelstreppe. Von ihrer Aussichtsplattform eröffnet sich eine wunderschöne Aussicht über das Hückelhovener Umland.

Gewässer

Der Adolfosee und der Kapbuschsee

Der Adolfosee ist ein Baggersee bei Ratheim und liegt direkt an der Rur. Das Gewässer ist ein beliebtes Ausflugsziel mit vielfältigen Nutzungsmöglichkeiten.

Adresse: Ziegelweg, 41836 Hückelhoven

Der Kapbuschsee ist ein durch Sand- beziehungsweise Kiesabbau entstandener Baggersee in Hückelhofen. Am See befindet sich das Naturbad Kapbusch, ein großes Naturfreibad mit einem von der Stadt Hückelhoven unterhaltenen Freizeitgelände.

Adresse: Kapbusch, an der L364 41836 Hückelhoven-Brachelen.

Blick von der Millicher Halde über die Rurniederung.

Museen

Das Bergbaumuseum Schacht 3

Nach der Stilllegung des Steinkohlenbergwerks Sophia-Jacoba im Jahre 1997 wurde das Schachtgerüst Schacht 3 als Denkmal erhalten. Im Bergbaumuseum führen ehemalige Bergleute die Besucher durch das Gelände mit Fördertürmen, Schachtanlagen, Bergwerken, Gebäuden und Bahngleisen und erklären diese anhand zahlreicher Exponate, wie z. B. dem Lokomobil oder dem Teufhaspel – anschaulich von ihrer Arbeit unter Tage.

Adresse: Besucherbergwerk und Bergbaumuseum Schacht 3, Am Schacht 3, 41836 Hückelhoven, Tel.: 02433 442681, www.schacht-3.de

Die Wallfahrtskapelle Birgelener Pützchen

Das Birgelener Pützchen (Pütz = Brunnen, Brünnchen oder Quelle) ist eine uralte Gebets- und Marien-Wallfahrtsstätte. Der Ursprung der weit bekannten Kapelle geht auf die Anfänge des Christentums am Niederrhein zurück. Um das Jahr 700 sollen hier durch den heiligen Lambertus die ersten Christen getauft worden sein. Bereits früher befand sich an diesem Platz eine heidnische Opferstelle. Um die Quelle im Birgelener Wald ranken sich mehrere Legenden. Die Kapelle ist auch Teil eines Wanderweges durch den Birgeler Urwald. Auf dieser Wanderung kann die Natur mit allen Sinnen erlebt werden.

Adresse: Pützchensweg, 41849 Wassenberg.

Für die Kleinen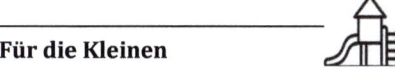

Der Spielplatz Mühlenstraße, Adresse: Mühlenstraße 6, 41836 Hückelhoven.

Hobbitlandschaft Hückelhoven, Adresse: Spreeweg 7, 41836 Hückelhoven (Ruraue)

In der Nähe

Ein Riesenteppich im Gehölz – im Wald der blauen Blumen

Ein schmaler Feldweg führt von der Straße zwischen Doveren und Baal in ein kleines Waldgebiet mit dem Namen *Hinter dem Berg*. Zwerge sind nicht zu entdecken und auch der Name Baal hat nichts mit Brechts Drama zu tun. Stattdessen befindet sich der Besucher mitten in einem heiteren Lustspiel mit dem Titel *Im Wald der blauen Blumen*. Vor seinen Augen breitet sich ein Meer von wunderschönen blauen Blüten aus. Ursache für dieses in Deutschland seltene Naturschauspiel ist das Atlantische Hasenglöckchen mit dem botanischen Namen *Hyacinthoides non-scripta*. Von Mitte April bis Mitte Mai, je nach Witterung, ist hier der Waldboden großflächig wie mit einem dichten blau-grünen Teppich aus wild blühenden Hasenglöckchen bedeckt. Außerdem verbreitet die Pflanze einen angenehmen Duft. Ein derartiger großer Bestand der seltenen Pflanze ist in Deutschland einzigartig. Naturfreunde aus nah und fern besuchen den temporären Märchenwald.

Adresse: Der Wald der blauen Blumen ist nicht ganz einfach zu finden. Auf der Landstraße 117 von 41836 Baal nach 41836 Doveren, Bahnstraße 66–70; der Weg links neben den Häusern führt ins Wäldchen; begrenzte Parkmöglichkeit.

Gaststätte Windelen, Marienstraße 73, 41836 Hückelhoven, Tel.: 02433 42884, https://gaststaette-windelen.de

Gaststätte Zum Postmeister, Hauptstraße 206, 41836 Hückelhoven, Tel.: 02462 205485, https://zum-postmeister.jimdofree.com

Jägerhof, Dinstühlerstraße 58, 41836 Hückelhoven, Tel.: 02433 1368, https://gaststaette-jaegerhof.de

Camping

Campingplatz Effelder Waldsee, 41849 Wassenberg , Tel.: 02432 8969280, https://amicilodges.com

36

Motten

Den flügellosen Faltern auf der Spur

In der Vergangenheit war eine Motte nicht immer nur ein Lebewesen; sie konnte auch ein von den Menschen hochgeschätztes Anwesen sein, besonders in Zeiten äußerer Bedrohung. Als Motte wird in der Burgenforschung ein Burgentyp bezeichnet, dessen einziges Bauwerk auf einem künstlichen Hügel stand. Meist handelte es sich um einen mehretagigen, hölzernen Turm, der von einer Palisade umgeben war. Im Altfranzösischen bedeutet *motte* soviel wie Erdscholle, Erdsode, lateinisch *mutta* = Erdaushub. Motten, die gar nicht unseren Vorstellungen von einer Burg entsprechen, sind fast immer Niederungsburgen. Sie kommen also fast nur in niedrig gelegenem, oft feuchtem Gelände vor.

Einst schützten Grafen ihr Land durch den Bau von Ringwallburgen. Danach, etwa um das Jahr 1000, errichtete man Burgmotten als primitive Vorgänger einer mittelalterlichen Burg. Motten waren in ganz Mitteleuropa verbreitet; die Mehrzahl der Anlagen entstand im 11. bis 12. Jahrhundert. Motten boten den Bewohnern der Landgüter, mehrheitlich des Niederadels, eine Zuflucht vor Eindringlingen. Geblieben ist wenig. Meist nur ein kleiner Hügel. Steine waren in den Niederungen Mangelware und deswegen zu teuer. Darum bestanden die Türme überwiegend aus Holz, von dem nichts mehr übrig blieb. Bei längerem Bestehen wurden sie auch durch Steinbauten ergänzt oder ersetzt. Einzelne Motten wurden so im Laufe der Zeit zu umfangreichen Burgen weiterentwickelt.

37

Die Motte Aldeberg

Mythischer Ort mit 800-jähriger Geschichte

Der Weg zu einer der größten und besterhaltenen Motten Europas führt uns nach Wegberg, zur Motte Aldeberg. Um beim Besucher kein Missverständnis aufkommen zu lassen, sei nochmals erwähnt, dass von einer Turmhügelburg heute meist nur noch der Hügel oder Burgberg erhalten ist. Prozesse wie Brände, Zerstörungen und Verwitterung sind Ursachen dafür, dass die einstige Burg aus Holz selber nicht mehr vorhanden ist.

Etymologisch ist der Name abgeleitet vom über Jahrhunderte gebräuchlichen Namen Aldeborg = die alte Burg. Von etwa 1150 bis ins 14. Jahrhundert soll die Verteidigungs- und Wohnanlage besiedelt gewesen sein. Erbauer der Motte war der Ritter von Orsbek. Die Burg war seit dem 14. Jahrhundert unbewohnt. Hierdurch wurden in den nachfolgenden Jahrhunderten die Wildheit und Verlassenheit ein Nährboden für Legendenbildungen und Spukgeschichten. Es entstanden Erzählungen vom Werwolf, der dort sein Unwesen trieb, und Heinzelmännchen, die im Alten Berg wohnten. Der Berg war auch Ort eines Fürbitte-Kultes mit Bindezauber-Brauchtum. Menschen mit akuten oder chronischen Krankheiten oder deren Angehörige banden hier die Krankheit in Form von Schleifen unter Gebeten in die Zweige der Sträucher. Noch heute zieht der wundersame Berg immer wieder Menschen an, die hier die Magie des Ortes suchen.

Ort

Wegberg

Die Stadt Wegberg liegt im Norden des Kreises Heinsberg und grenzt direkt an die Niederlande. Sie trägt wegen ihrer 14 historischen Wassermühlen den Beinamen *Mühlenstadt.*

Adresse für Navigation

Anton-Raky-Straße 31, 41844 Wegberg.
GPS-Daten: 51.150442401312795, 6.199564740054747.

Öffentlicher Nahverkehr

Von Mönchengladbach Hauptbahnhof/Europaplatz mit der Regionalbahn RB 34 nach Wegberg-Arsbeck Bahnhof. Von hier aus zu Fuß über den Finkenweg und Mailandweg zur Anton-Raky-Straße 31, 41844 Wegberg.

Ausgangspunkt: Anton-Raky-Straße 31, 41844 Wegberg.
GPS-Daten: 51.150442401312795, 6.199564740054747.
Die Straße etwa 200 Meter durchfahren, dann links oder rechts
am Straßenrand einen Platz suchen.
Typ: Rundweg
Länge: zwei Kilometer
Schwierigkeit: leicht
Beschilderung: nein
Wegbeschaffenheit: Asphalt, Waldwege.

Zur Motte Aldeberg führt uns eine kurze Wanderung durch das Naturschutzgebiet
Helpensteiner Bachtal. Dazu folgen wir dem Weg, der von der *Anton-Raky-Straße* in
einen Wald hineinführt. Zu Beginn erklärt eine Tafel die nahe Umgebung. Der Weg
geht bald in einen schmalen Damm über, der zwischen zwei idyllisch gelegenen
Teichen verläuft. Von hier haben wir einen wunderschönen Blick über den Raky-
Weiher auf das von Bohrpionier Anton Raky erbaute Pförtnerhäuschen seiner
ehemaligen Villa. Weiter geht der Weg über zwei kleine Brücken zur links am Weg
liegenden Motte. Ein Waldweg führt zu einer Holztreppe, die nach oben auf die Motte führt. Hier stand eine Fachwerkkapelle, die um 1850 herum errichtet wurde. Ein
Kreuz erinnert heute an die 1970 abgerissene Kapelle.
Wir verlassen den geheimnisvollen Erdhügel und bewegen uns weiter auf dem
jetzt leicht ansteigenden Weg und folgen ihm kurz vor einem Wiesengelände nach
links. Vorbei an einem verwunschenen kleinen See gelangen wir wieder auf die
Anton-Raky-Straße, in die wir links einbiegen. Auf dem Weg hinunter zum Startpunkt passieren wir die auf der rechten Seite liegende dunkle Ruine des ehemaligen
Weinkellers der Villa Raky und das links liegende oben schon erwähnte Pförtnerhäuschen.
Im Helpensteiner Bachtal befindet sich noch eine zweite, kleinere Motte. Am Ober-
lauf, direkt unter dem evangelischen Jugendheim, liegt im Sumpf die alte Fluchtburg
Duivelsberg. Hier wohnten vor langer Zeit die Herren von Helpenstein. Diese Motte
hat aber nichts mit der Motte Mergelp auf dem Duivelsberg (NL) zu tun.

Gewässer

Der Mühlenbach (See)

Der Mühlenbach, ein kleiner See, dessen Umgebung zum Wandern oder zum
Radfahren einlädt.

Adresse: Parkplatz Holtmühle, Holtmühlenweg 2, 41844 Wegberg.

Im Tal des Helpensteiner Baches liegt der Aldeberg, eine der größten und besterhaltensten Motten Europas.

Museen

Das Museum für europäische Volkstrachten und das Flachsmuseum

Im Museum für europäische Volkstrachten werden hundert Trachten aus den verschiedensten europäischen Ländern ausgestellt.

Adresse: Kirchplatz 7, 41844 Wegberg, Tel.: 02434 927615, https://beecker-erlebnismuseen.de/museum-fuer-europaeische-volkstrachten

Im Flachsmuseum steht die Kulturpflanze Flachs im Mittelpunkt.

Adresse: Holtumer Straße 19, 41844 Wegberg, Tel.: 01523 7805636, https://beecker-erlebnismuseen.de/flachsmuseum

Tipp

Die Air Power Arena

In Hückelhofen ist es möglich, ohne Flugzeug zu fliegen. Bodyflying oder Fliegen im Windkanal ist eine Sportart für alle. Jeder, egal ob jung oder alt, klein oder groß, leicht oder schwer, kann das Gefühl der Schwerelosigkeit erleben, wenn er im Luftstrom schwebt.

Adresse: Air Power Arena, Rheinstraße 6a, 41836 Hückelhoven, Tel.: 0172 6054359, https://www.air-power-arena.de.

Für die Kleinen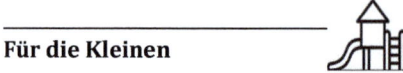

Der Kipshoven Spielplatz, Adresse: Von Agris Straße 45, 41844 Wegberg.

In der Nähe

Die Burg Heinsberg

In der Nähe der Motte Aldeberg befindet sich die Burg Heinsberg. Sie ist ebenfalls eine Turmhügelburg, auf deren Hügel noch Reste der ehemaligen Burg stehen. Die Burg ist eine der größten erhaltenen Motten des Rheinlandes.

Adresse: Hochstraße 21, 52525 Heinsberg.

Campingplatz Brempt, Kahrstraße 115, 41372 Niederkrüchten, Tel.: 02163 80996, https://campingplatz-brempt.de

Campingplatz Graskamp GmbH, Graskamp 16, 41372 Niederkrüchten, Tel.: 02163 81696, https://campingplatzgraskamp.de

(38) Die Motte Mergelp

Spannende Geschichten aus dem Mittelalter

Um zur Motte Mergelp zu gelangen, machen wir einen kleinen Sprung über die Grenze in die Niederlande. In einem Hügelgebiet der Gemeinde Tubbergen zwischen Beek/Berg en Dal und der deutschen Grenze liegt als höchster Punkt der Teufelsberg oder Duivelsberg, wie er in den Niederlanden heißt. Das Gebiet um den Teufelsberg ist ein sehr altes Waldgebiet. Hier wurden Urnenfelder aus der Eisenzeit und römische Friedhöfe gefunden. In den unteren Teilen des Waldes fand man bei Grabungen Überreste von Tongruben und Lehm-Öfen aus der Römerzeit. Auch strategisch war der Berg als der höchste Punkt in der Umgebung schon zu Zeiten der Römer wichtig. Von oben hatte man eine sehr gute Sicht auf die Umgebung.

Genau das war wohl auch der Grund, warum im Mittelalter der Graf Balderik und seine Frau Adele hier am Rande einer Moräne die aus zwei Berghügeln bestehende Hügelburg oder Motte Mergelp erbauen ließen. Der größere und höhere Hügel war der Standort für die Burg. Der davon nordöstlich gelegene kleine Hügel diente als Aussichtspunkt auf die Region.

Wahrscheinlich geriet die Motte nach Balderichs Tod schnell außer Gebrauch. Die Landschaft um den Teufelsberg wurde von Wäldern überwuchert. Der einsame, öde Ort mit seinen geheimnisvollen Wällen und Gräben bot im Mittelalter Stoff für spannende Geschichten von Schätze sammelnden Männlein, spukenden Geistern und vom Hexentanz, die noch heute Jung und Alt beschäftigt.

Hier am Hügel fand aber noch ein Spuk ganz anderer Art statt. Im September 1944 war der Berg fünf Tage Schauplatz schwerer Kämpfe zwischen amerikanischen und deutschen Truppen im Rahmen der Operation Market Garden. Das Rattern der Maschinengewehre, das Explodieren der Granaten, Schreie und Befehle – der Kampf um den Hügel führte zu fast apokalyptischen Bildern. Der Teufelsberg, hier mit dem eher harmlosen Namen Hügel 75.9, machte seinem Namen für fünf Tage alle Ehre. Er war die Hölle auf Erden, ein Ort, der Kummer und Sorgen in Dutzenden von amerikanischen und deutschen Familien brachte.

Ob Mittelalter oder Neuzeit, der Platz inmitten der alten Buchen lässt niemanden unbeeindruckt.

Ort

Berg en Dal

Berg en Dal ist eine Ortschaft in der gleichnamigen niederländischen Gemeinde. Sie liegt ganz in der Nähe von Nijmegen in der Provinz Gelderland, unmittelbar an der Grenze zu Deutschland.

Adresse für Navigation

Duivelsberg 1, 6572 BE Berg en Dal.
GPS-Daten: 51.81948220664952, 5.943269111225872.

Öffentlicher Nahverkehr

Vom Klever Bahnhof mit dem Bus SB58 nach Ubbergen, Beek Sportpark. Von hier aus weiter zu Fuß etwa 1,5 Kilometer auf Kwartelstraat, Plataanstraat und Rijksstraatweg, beim Wasserwerk Filosofenbeek rechts in den Weg zum Duivelsberg 1.

Wandern an der Motte Mergelp

Vom Parkplatz Duivelsberg 1, 6572 BE Berg en Dal, direkt beim Pannenkoekenhaus, verlaufen mehrere Wanderwege auf dem Diuvelsberg. Die Motte Mergelp ist vom Parkplatz nur ein paar Schritte entfernt. Dazu gibt es im Pfannkuchenrestaurant Pläne der Gegend mit allen Wanderrouten, die durch farbig markierte Pfähle am Wegrand gut zu erkennen sind.

Gewässer

Das Wylermeer

Am ehemaligen deutsch-niederländischen Grenzübergang zwischen Wyler und Beek befindet sich das zwei Kilometer lange und 100 bis 150 Meter breite Wylermeer. Bei dem Gewässer handelt es sich wahrscheinlich um eine ehemalige Flussschlinge des Rheins. Um das Wylermeer gibt es zahlreiche Wanderwege, die zum Teil direkt am Gewässer entlang verlaufen, aber auch in ein nahegelegenes Waldgebiet auf die niederländische Seite führen.Adresse: Zum Wyler Meer, 47559 Kranenburg.

Die Motte Mergelp auf dem Duivelsberg.

Museen

Das Afrika Museum in Berg en Dal

Das Afrika Museum in Berg en Dal ist der Kunst und den Kulturen des afrikanischen Kontinents gewidmet. Das Museum begann 1954 als Missionsmuseum. Die Patres sammelten afrikanische Objekte, um mehr über die afrikanischen Religionen zu erfahren. Heute zeigt das Museum neben religiösen und traditionellen Objekten auch zeitgenössische afrikanische Kunst.

Adresse: Postweg 6, 6571 CS Berg en Dal, Niederlande, Tel.: +31 880042800, https://afrikamuseum.nl

Für die Kleinen

Der Amusementspark Tivoli und De Speulplek

Der Park Tivoli ist ein Freizeitpark, der sich an Familien mit Kindern richtet. Es muss Eintritt bezahlt werden.

Adresse: Oude Kleefsebaan 116, 6571 BK Berg en Dal, Niederlande, Tel.: +31 246844444, https://parktivoli.nl/de/homepage

De Speulplek ist ein Naturspielplatz für Groß und Klein.

Adresse: Rietlanden, 6576 EB Ooij, Niederlande, https://speulplek.nl.

Einkehr

Das Pannenkoekenhus, direkt am Parkplatz liegt das Pannenkoekenhus. Hier werden Pfannekuchen in allen Formen und Farben und in allen Geschmacksrichtungen angeboten.

Adresse: Duivelsberg 1, 6572 BE Berg en Dal, Niederlande, Tel.: +31 246841439, https://duivelsberg.nl

Camping

Camping Nederrijkswald, Zevenheuvelenweg 47, 6571 CH Berg en Dal, Niederlande, Tel.: +31 246841782, https://nederrijkswald.nl

Camping De Groote Flierenberg, Zevenheuvelenweg 57, 6571 CH Bergen Dal, Niederlande, Tel.: +31 246841481, https://campingdegrooteflierenberg.nl

Register

A

Aaper Höhenweg, 107
Aaper Wald, 104
Adolfosee, 151
Aldekerker Platte, 21
Alpen 31
Alpen-Menzelen, 33
Alsum, 118
Alsumer Berg, 118
Alt-Kaster, 149
Altrheinbrücke, 55
Altstromrinne Kermisdahl, 67
Archäologischer Park Xanten, 43
Aussichtsturm Klever Berg, 66
Aussichtsturm Wolfsberg, 102

B

Baal, 153
Balberger Höhenrücken, 44
Bedburg-Hau, 56
Bedburg-Moyländer Höhenzug, 56
Beecker Halde,118
Berg en Dal, 68, 69, 159
Bergherbos, 95
Birten, 39
Bislicher Insel, 42
Bismarckturm, 74, 75, 77
Blaue See, 107
Bönninghardt, 31, 35
Brandenberg, 63
Britische Ehrenfriedhof, 6
Burg Heinsberg, 158
Burg Wassenberg, 87
Burg Winnenthal, 39

D

Doveren, 153
Drususbrunnen, 95
Duisburg, 100, 118
Duisburger Stadtwald, 100
Duissern, 100
Dülken, 73

Dürsberg, 38, 44, 46
Düsseldorf, 105

E

Effelder Waldsee. 88
Egelsberg, 17
Eier mit Speck, 74
Elfrath, 16
Elten, 95
Eltenberg,95
Emmerich, 95, 96
Emscher, 144
Essenberger See, 126

F

Fleuthkuhlen, 27
Flöthbach, 113
Fürstenberg, 38
Fürstenberg, Kloster, 40
Fürst Johann Moritz von Nassau-Siegen, 67

G

Gehry-Bauten, 108
Geldenberg, 63
Geleucht, 138
Ginderich, 42
Goch, 54
Grenzdyck, 43
Grevenbroich, 146
Griethausen, 55
Groesbeek, 69
Groesbeeker Lobus, 68
Großer Parsick, 29
Gutehoffnungshütte, 142

H

Halde Norddeutschland, 131
Halde Pattberg, 135
Halde Rheinpreußen,138
Hardt, 73
Hariksee, 76
Hees, 38, 39
Heinrich Hildebrand Höhe, 122
Heinsberg, 83, 155

Helpensteiner Bachtal, 156
Hettenheuvel, 95
Herongen, 73
Himmelstreppe, 131
Hinsbeck, 73, 78
Hinsbecker Schweiz, 73, 78
Hochelten, 97
Hochemmerich, 124
Hohe Mühle, 42, 52
Hoher Busch, 74
Hulzenberg, 98
Hückelhofen, 150
Hüls, 13
Hülser Berg, 13,
Hülser Bruch, 111

I
Inrather Berg, 112
Irmgardiskaspelle, 75
Irmgard von Süchteln. 75
Issum, 24, 34
Issumer Fleuth, 32

K
Kaiserberg, 100, 130
Kalkar, 56
Kamp-Lintfort, 31, 35
Kapbuschsee, 152
Kapuzinerberg, 110
Kermisdahl, 85
Kleve, 54, 64, 83
Klever Berg, 6
Knappenhalde, 142
Korschenbroich, 83
Kranenburg, 60
Kranenburger Höhenrand, 68
Krefeld, 13
Krickenbecker Seen, 78, 80

L
Labbeck, 50
Labbecker Höhenrücken, 44
Landmarken, 110
Landschaftspark Nord, 121

Leucht, 31, 35
Liedberg, 83, 91
Littardkuhlen, 23
Louisendorf, 54

M
Marienbaum, 38
Marina Oberhausen, 144
Meiderich, 10
Millicher Halde, 150
Moers, 35, 135, 139
Moers-Repelen, 135
Monte Klamott, 114
Monte Scherbelino, 114
Monte Schlacko, 128
Monte Schrott, 128
Montferland, 95, 96
Mookerplas, 70
Motte, 87, 92, 154
Motte Aldeberg, 155
Motte Mergelp, 159
Mönchengladbach, 114
Mühlenbach, 156
Mülheim an der Ruhr, 100

N
Nationalpark De Meinweg, 90
Naturpark Maas-Schwalm-Nette, 78, 83, 88
Naturschutzgebiet Werthauser Wardt, 125
Nenneper Fleuth, 32
Nette, 73
Neukirchen-Vluyn, 36, 132
Neu-Louisendorf, 54
Neurather See, 148
Niederkrüchten, 76
Niederlande, 155
Niep, Niepkuhle, 15, 23
Niersniederung, 21
Nijmegen, 53, 68, 69
Nordkanal, 77

O
Oberhausen, 143
Oermter Berg, 24

P

Pfalzdorf, 54
Pfalzdorfer Höhen, 53
Pfälzische Sprachinsel, 54
Plaggenhütte, 34
Prinz-Moritz-Grabmal, 67
Prinz-Moritz-Weg, 67

R

Ratheim, 151
Rather Blick, 107
Rayen, 28
Rayener Berg, 28
Reichswald Forest War Cemetery, 68
Reichswaldhöhen, 63
Rhein, 122
Rheinberg, 32, 35
Rhein-Herne-Kanal, 144
Rheinpark Duisburg, 128
Rheurdt, 21, 36
Rheydt, 114
Rheydter Höhe, 114
Rockelsberghalden, 124
Rur, 83

S

Saelhuyser Berg, 21
Schaephysen, 21
Schaephuyser Höhen, 21
Schenkenschanz, 55
Schenk von Nideggen, Martin, 55
Schloss Liedberg, 90
Schloss Moyland, 67
Schwalmtal, 76
Schwanenburg, 83
Sealife Oberhausen, 144
Sechs-Seen-Platte, 102
Sevelen, 26
Sieben Quellen, 66
Siegfriedstadt, 39
Sonsbeck, 31, 45
Sonsbecker Schweiz, 38, 39, 44
Sportpark Duisburg, 131
Stauchendmoräne, 73

Stauchwallbogen, 38
Stokkum, 98
Stoppelberg, 63
St. Nikolai-Kirche, Kalkar, 59
St. Tönis, 16
St. Vitus Stiftskirche, 95
Süchteln, 73
Süchtelner Höhen, 73, 74

T

Tektonischer Horst, 73
Te Zeven Heuvelen, 68
Tiger & Turtle, 122
Traar, 13
Trümmerberg, 114
Tüschenwald, 31, 38, 44

U

Uedem, 39
Uedemer Hochwald, 38, 44
Uedemer Wälle, 39
Uemscher Berg, 51

V

Venlo, 78
Vetera, 40
Viersen, 73
Viersener Horst, 73
Viersener Sprung, 78
Vollrather Höhe, 146

W

Wassenberg, 83, 89
Wassenberger Horst, 83
Wasserbahnhof, 103
Wegberg, 155
Wilhelm Lehmbruck, 103
Wisseler Dünen, 59
Wolfsberg, 128
Wyler Meer, 62, 160

X

Xanten, 32, 38, 39
Xantener Dom, 39

Xantener Nordsee 51
Xantener Südsee 51

Z
Zoo Duisburg, 100, 103
Zyfflich, 62

Literaturverzeichnis

Bähr, Jürgen und Golte, Winfried. Der Niederrheinische Höhenzug von Xanten bis Kleve (Rheinische Landschaften). Verlag Gesellschaft Für Buchdruckerei, 1974.

Purpar, Rolf, Reiseführer Niederrhein. Grupello Verlag, 25. April 2008

Föll, Roland, Niederrhein, Zwischen Rhein und Maas. 50 Touren. Bergverlag Rother; 2. Edition (27. Januar 2022).

Hauke, Sabine, Niederrhein. Wanderungen für die Seele. Droste Verlag; 4. Edition (11. Januar 2021).

Radführer NiederRheinRoute Das Radfahrerland zwischen Rhein und NL 2021 bikeline, Verlag Esterbauer; 1. Auflage 2021 (21. April 2021).

Steinbicker, Otmar. Radreiseführer BVA Die schönsten Radtouren am Niederrhein. BVA Bielefelder Verlag; 3. Edition (1. Januar 2012).

O'Bryan, Linda und Zaglitsch, Hans, Bruckmann Radführer – Den Niederrhein erfahren: Radtouren durch malerische Landschaften, zu reizvollen Städten und kulturellen Highlights. Bruckmann; 1. Edition (9. September 2022).

Gorges, Hans J., Niederrhein: Wanderführer mit den schönsten Wanderungen. KOMPASS-Karten, Innsbruck; 9., unveränd. Edition (1. Juli 2005).

Schöndorf, Albert, Kompass Wanderführer, Niederrhein. Kompass; Neuaufl. Edition (1. Januar 2004).

Manfred Schmidt., Magische Orte am Niederrhein: 20 Touren zu Rittern, Schlössern und mystischen Plätzen. Sutton; 2. Edition (20. Juni 2018).

Internet

https://www.kuladig.de/Objektansicht/A-EK-20080619-0011.

https://de.wikipedia.org/wiki/Liste_von_Ausflugszielen_und_Sehensw%C3%BCr-digkeiten_am_Niederrhein.

http://alpenverein-krefeld.de/cms/content/gibt_es_bei_euch_auch_berge
https://Rheurdt.de

Bildnachweis